Rachael Oakes-Ash

Brave Mädchen essen auf

Rachael Oakes-Ash

Brave Mädchen essen auf

Deutsch von Eva Dempewolf

beustverlag

Die Deutsche Bibliothek – CIP-Einheitsaufnahme

Oakes-Ash, Rachael:
Brave Mädchen essen auf: / Rachael Oakes-Ash.
[Übers. Eva Dempewolf]. – München: Beust, 2001 (Writer)
Einheissacht.: Good Girls Do Swallow
    ISBN 3-89530-070-5

1. Auflage, November 2001

© Rachael Oakes-Ash
Titel der australischen Originalausgabe: *Good Girls Do Swallow*
zuerst erschienen bei Random House Australia Pty Ltd,
Milsons Point/Australia.

© 2001 der deutschen Ausgabe:
Beust Verlag, Fraunhoferstraße 13, 80469 München
www.beustverlag.de
LEKTORAT: Jürgen Bolz, für *gaiatext*, München
LAYOUTDESIGN, SATZ UND PRODUKTION: Yvonne Heizinger,
gaiatext, München
UMSCHLAGDESIGN: Markus Härle für *gaiatext*, München
DRUCK: Ebner Ulm

ISBN 3-89530-070-5

Printed in Germany

Für Mom, Dad und Kate

∞ Menükarte ∞

ᴥ Vorspeise ᴥ

ᴥ Hauptgang ᴥ

ᴥ Dessert ᴥ

Einführung:
Du wärst also gern magersüchtig?
Willkommen im Club!

Sobald ich dünn bin, finde ich einen Freund. Sobald ich dünn bin, werde ich befördert. Sobald ich dünn bin, bekomme ich ein Baby. Sobald ich dünn bin, wird mein Mann mich lieben. Sobald ich dünn bin, werden meine Enkel mich akzeptieren. Sobald ich dünn bin, bin ich wieder jung. Sobald ich dünn bin, passe ich in meinen Sarg.

Zähle ich all die Stunden zusammen, die ich damit zugebracht habe, meine Oberschenkel zu verabscheuen, während ich hätte lernen oder arbeiten oder Sex genießen können, und rechne ich zu diesen Stunden die Wochen hinzu, die ich mit grammgenauem Wiegen in der Küche und im Bad zugebracht habe, und addiere dazu die Zahl der Nächte, die ich vor dem Kühlschrank hockend alles Essbare in mich hineingeschaufelt habe – dann beläuft sich die Summe auf über zwei Drittel der rund dreieinhalb Jahrzehnte, die ich auf diesem Planeten weile. Zwischen siebzehn und einunddreißig habe ich 63 Kilogramm ab- und 76 Kilogramm zugenommen.

Als Frau des zwanzigsten und nunmehr einundzwanzigsten Jahrhunderts habe ich mich immer und immer wieder heruntergehungert – immer in der Hoffnung, eine Veränderung meiner Figur würde auch eine Veränderung in meinem Leben mit sich bringen. Und in diesem (Irr-)Glauben bin ich nicht allein: Mehr als fünfundneunzig Prozent aller Frauen haben irgendwann einmal eine Schlankheitskur gemacht. Wie die meisten von ihnen hatte ich allerdings alles mühsam Abgehungerte sehr bald wieder auf Bauch, Hüften, Po und Oberschenkeln. Es gilt als erwiesen, daß fünfundneunzig Prozent aller Leute, die eine Diät machen, das verlorene Gewicht innerhalb von zwei Jahren wieder zunehmen. Aber der feste Glaube, ich könnte zu den fünf Prozent gehören, die auf Dauer schlank bleiben, hielt mich jahrzehntelang in dem Teufelskreis gefangen. Wenn es mir nur gelänge, schlank zu bleiben, würde sich alles andere von selbst regeln: meine Eltern würden nicht mehr streiten, mein Freund würde mich nicht verlassen, und mein Telefon würde gar nicht mehr aufhören zu klingeln ...

Ich machte meine Unfähigkeit, meinen Mittzwanzigerkörper in ein für vorpubertäre Größen gedachtes Stückchen Lycra zu zwängen, dafür verantwortlich, dass *er* nicht anrief. Ich gab dem Ausschlag meiner Waage die Schuld daran, dass die Mädels ohne mich ausgingen. Ich maß meinen Wert an Kilos und Konfektionsgrößen. Ich hasste jede Frau, die mehr abnahm als ich und den von mir heiß ersehnten Preis einstrich – einen schlanken Körper und alles, was ich damit verband.

Als *die* Party stieg, ohne dass ich eine Einladung dazu erhalten hätte, schob ich es auf mein Dicksein. Als ich *den* Job nicht bekam, schob ich es auf mein Dicksein. Neidisch sah ich zu, wie zaundürre Models auf dem Zeitschriftencover einen stinkreichen Mann, goldgeprägte Einladungen zu Soirées und Jobs bekamen, die sie – First Class selbstverständlich – um den ganzen Globus führten. Das hing, davon war ich überzeugt, allein damit zusammen, dass sie dünn waren. Ich redete mir ein, dass ich nur auch so mager werden müsse, dass ich nur meinen Hunger unterdrücken müsse, um ebenfalls das große Los zu ziehen. Also hungerte ich mich Mal um Mal herunter, verweigerte meinem Körper Nahrung und schluckte jede Menge Abführmittel, um das krampfhaft erreichte Gewicht zu halten. Dass ich damit meine Gesundheit ernsthaft gefährdete, kam mir nicht in den Sinn. Mit siebzehn war ich magersüchtig, mit zwanzig litt ich an Bulimie und mit dreißig fraß ich ohne Ende.

Früher war *Anorexia nervosa* (Magersucht) eine Teenagerkrankheit. Heute betrifft es dreimal mehr Frauen in den Zwanzigern und Dreißigern als Heranwachsende. Prominente und gewöhnliche Sterbliche gleichermaßen benutzen Bulimie (Fresssucht mit anschließendem künstlich herbeigeführtem Erbrechen oder Abführmittelmissbrauch) zur Gewichtskontrolle, und rund vierzig Prozent aller magersüchtigen Menschen werden später Bulimiker. Bulimarexie (Essensverweigerung mit künstlich herbeigeführtem Erbrechen), zwanghafte Fresssucht mit Fressattacken, in denen man riesige Nahrungsmittelmengen in sich hineinstopft, und nur nachts auftretende Fressanfälle zählen mittlerweile zu den bekanntesten Essstörungen bei Frauen, die gegen ihren Bauch ankämpfen und weder mit ihrem fortschreitenden Alter zurechtkommen noch damit, Beruf, Haushalt und Ehebett unter einen Hut bringen zu müssen. Allein in den USA leiden dreimal mehr Menschen an schweren Essstörungen als an AIDS.

Als ich magersüchtig war, wollte ich damit meine Sexualität unterdrücken. Ich war kein Opfer von Inzest. Ich hatte keine schlimmen Kindheitserlebnisse. Ich wollte nur einfach nicht erwachsen werden. Mit neunzehn wurde ich vergewaltigt, aber mein hausgemachtes Negatives Körperimage (NKI) hatte sich schon viel früher festgesetzt. In meiner Clique wurde stundenlang über nichts anderes diskutiert als die Figur oder Unfigur anderer Schülerinnen. Wir brachten die Pausen damit zu, Diäterfahrungen auszutauschen und Schlankheitskuren zu erörtern, die wir aus Teenagermagazinen herausgerissen hatten. Damit entsprachen wir der Statistik. Demnach wollen zweiundsiebzig Prozent aller Highschool-Schülerinnen abnehmen, und achtzig Prozent glauben, je dünner desto besser.

Auf dem Höhepunkt meiner Magersucht war ich unheimlich stolz auf meine Selbstkasteiung und stellte mein Skelett in nabelfreiem Lycra zu Schau. Fand trotz allem eine Kalorie ihren Weg über meine Lippen, blieb ich daheim und versteckte mich in überdimensionierten Schlabberpullis, um jenen Mammutkörper zu verbergen, der allein in meinem Kopf existierte.

Aus der Werbung hatte ich den Schluss gezogen, sobald ich dünn wäre, würde ich mit wehenden Haaren ein Cabrio fahren; sobald ich dünn wäre, würde ich mit einem Brad-Pitt-Typen ausgehen und nie wieder einsam, elend oder unglücklich sein. Doch als ich dünn wurde, änderte sich kaum etwas. Nach wie vor war ich unglücklich mit meiner Figur. Nach wie vor quoll der Briefkasten nicht vor Einladungen zu Exklusivpartys über. Nach wie vor lenkte kein strahlender Held seinen Lamborghini in unsere Einfahrt.

Ich bekam die Figur, die ich gewollt hatte, aber nicht das Leben, das man mir dazu versprochen hatte. Ich war nach wie vor ständig pleite und fuhr ein Auto mit festem Verdeck. Ich war immer noch unglücklich, immer noch einsam und wartete immer noch auf meinen Brad Pitt – und ich hielt mich immer noch für zu dick!

Psychologische Testreihen zeigen, dass Bilder magerer Models bei Testpersonen Stress, Beklemmung, Depressionen und Minderwertigkeitsgefühle auslösen. Trotzdem abonnierte ich alle großen Modezeitschriften, schnitt die Mannequins aus, klebte sie auf meine Schulhefte und träumte von langen Beinen und einem flachen Bauch, anstatt meine Logarithmentabellen zu studieren.

Einer Umfrage des Magazins *Glamour* zufolge halten sich fünfundsiebzig Prozent der Frauen für zu dick, und eine Statistik bestätigt, das neunundachtzig Prozent aller Frauen abnehmen möchten. Und das, obwohl die Mehrzahl der Befragten in beiden Fällen eine durchschnittliche und gesunde Figur haben. Kommt dir das bekannt vor?

Inzwischen wird das Negative Körperimage auch der ahnungslosen Männerwelt aufgedrängt. GI Joe, die Actionfigur schlechthin, hat an seinem mittlerweile bizarr muskulösen Körper seit den sechziger Jahren umgerechnet rund vierzig Zentimeter Brustumfang zugelegt. Erst vor kurzem wurde die ständig länger werdende Liste der Essstörungen um eine neue Variante erweitert: Diese »Bigarexie« befällt mehr Männer als Frauen und ist in fast allen Fitnessstudios weltweit zu beobachten. Das Hauptsymptom? Der Betroffene kann nicht »big« genug sein.

Das NKI ist keine akute Erkrankung, sondern fester Bestandteil im Leben der meisten Frauen. Tagtäglich werden wir mit Bildern dünner, junger, wunderschöner Frauen bombardiert, die mit Brillanten behangen und von Trauben gut aussehender Männer umringt glücklich in die Kamera lächeln. Im Durchschnitt sehen wir zwischen vierhundert und sechshundert Werbebotschafen pro Tag, und jede elfte davon dreht sich direkt oder indirekt um weibliche Schönheit. 1986 waren Schätzungen zufolge knapp siebzig Prozent aller im Fernsehen gezeigten Frauen dünn und nicht einmal fünf Prozent übergewichtig. Was glaubst du, wie diese Statistik heute ausfallen würde (denken wir nur an *Friends*, *Ally McBeal* und *Lachen auf Rezept*).

Ganz zweifellos besteht bei den meisten Frauen bzw. Mädchen eine direkte Verbindung zwischen Essstörungen und Sexualität – ob wir die eigene körperliche Entwicklung annehmen oder uns dagegen wehren und uns halb tothungern, um nur ja keinen Busen oder weiblich gerundete Hüften zu kriegen. Wir ringen mit dem Essen, während wir in Wirklichkeit mit den Hormonen zu kämpfen haben. Manche Frauen stopfen sich voll und erbrechen anschließend alles, um den Schmerz sexuellen Missbrauchs zu kaschieren, andere fressen sich fett, um potenzielle Annäherungsversuche von vornherein zu unterbinden, während wieder andere ewig auf Diät sind, damit sie für das andere Geschlecht möglichst attraktiv bleiben.

Meine Mutter hat nie eine Schlankheitskur gemacht; anders die Mütter meiner Freundinnen. Ich fand sie ungeheuer faszinierend, und wenn ich ihre Geheimsprache hinsichtlich Gramm, Kilos und Kalorien benutzte, kam ich mir ebenso erwachsen vor. Man nimmt an, dass die Töchter diätsüchtiger Frauen verstärkt zu einem NKI neigen und dies auch an ihre eigenen Töchter weitergeben. Wenn wir sehen, wie unzufrieden die eigene Mutter mit der Form ihres Busens ist und wie verbissen sie gegen ihre Oberschenkel ankämpft, ist abzusehen, dass auch wir mit unserem Körper nicht zufrieden sein werden. Ein Teufelskreis ohne Ende: Generationen unglücklicher Frauen foltern sich selbst mit Maßband und Waage – in der Hoffnung, dünner zu bleiben als die eigene Mutter.

Ich hungerte, weil ich glaubte, dadurch attraktiver zu werden, Aufmerksamkeit auf mich zu ziehen. Ich wollte berühmt sein und im Rampenlicht stehen: Schaut mich an, ich bin Radiomoderatorin! Schaut mich an, ich arbeite beim Fernsehen! Schaut mich an, ich kenne berühmte Leute! Als ich dann tatsächlich im Rampenlicht stand, änderte sich nicht viel. Ich mochte meinen Körper noch immer nicht. Ich hatte die Figur und das Leben, das die Werbung so anpries, aber ich war immer noch unglücklich.

In demselben Jahr, in dem amerikanische Frauen das Wahlrecht erhielten, wurde der Miss-America-Schönheitswettbewerb eingeführt. Frauen arbeiten genauso lange und in denselben Berufen wie Männer, bekommen aber bei weitem nicht immer denselben Lohn. Nur in zwei Sparten verdienen sie generell mehr als Männer: als Fotomodell/Mannequin und in der Prostitution. Ist es da ein Wunder, dass wir meinen, wir müssten dünn und schön sein, um es zu etwas zu bringen?

Schlankheitskuren und das Unterdrücken von Hungergefühlen sind höchst komplexe Unterfangen. Tausend Regeln wollen befolgt werde; es fängt schon beim Aufwachen an. Warmes Zitronenwasser zum Start in den Tag, anschließend Bürstenmassage, gefolgt von einem Waldlauf, dann ein Kaffeelöffel Müsli mit einem Schluck schwarzen Tee, Treppensteigen statt Liftfahren, Salat ohne Dressing, keine Sandwiches beim Vormittagsmeeting, zum Mittagessen Karottensticks knabbern, als After-Work-Drink anstelle eines Cocktails Mineralwasser schlürfen, statt zu Freunden zum Essen in den Fitnessclub gehen, ein Date absagen, weil die Oberschenkel zu feist sind, um Mitternacht den Kühlschrank ratzeputz leerfressen. Stell dir das Leben einmal vor ohne das ständige Fixiertsein auf Figur und Essen. Soooo viel Freizeit und Freiheit – wäre das nicht direkt beängstigend?

Wer glaubt, der Wahnwitz von Schlankheitskuren beschränke sich auf die Zeit ab dem Teenageralter, irrt gewaltig. Bei einer 1986 durchgeführten Umfrage hatten einundachtzig Prozent der Zehnjährigen bereits eine Diät gemacht. Schätzungsweise vierzig Prozent aller neun- und zehnjährigen Mädchen in den USA versuchen abzunehmen.

Diese Zehnjährigen wissen bereits, dass, sollten Schlankheitskuren allein nicht den gewünschten Erfolg bringen, später Fettabsaugen und andere Schönheitsoperationen, Magenverkleinerung, Darmverkürzung und Appetitzügler zur Verfügung stehen. Asiatische Frauen zahlen Tausende von Dollar für Gesichtsverschmälerungen, damit sie den westlichen Frauen ähnlicher sehen, die sie omnipräsent von Werbeplakaten aus anstarren. Du weißt schon, jenen Frauen, die der westlichen Durchschnittsfrau so ganz und gar nicht gleichen. Keiner, die ich kenne, jedenfalls.

Sterben müssen wir alle. Dagegen hilft kein Hungern, keine Schönheitsoperation und kein mitternächtliches Finger-in-den-Hals-Stecken. Schlankheitskuren sorgen dafür, dass wir Frauen ständig im Clinch mit dem eigenen Körper liegen, dass wir es nicht in die Vorstandsetagen schaffen, weil wir uns viel zu viel in der Küche (respektive über der Kloschüssel) aufhalten. Politikerinnen werden von Karikaturisten ob ihrer Leibesfülle öffentlich zum Gespött gemacht. Sind es ihre überflüssigen Pfunde, die die Entscheidungen im Parlament fällen? Nein. Was also bitte hat ihre Figur mit Politik zu tun?

Die Zahl der Frauen, die im höheren Management bzw. in gehobenen Berufen arbeiten, stieg in den 1920er Jahren, in den 1960ern und noch einmal in den 1990ern. Das Ideal, das man Frauen in diesen drei Jahrzehnten vorhielt, verkörperte zuerst das flachbrüstige Golden-Twenties-Girl, dann Twiggy und schließlich Kate Moss. Liegt es da nicht nahe, gewisse Schlussfolgerungen zu ziehen?

Der Weg heraus aus der pathologischen Körperbessenheit ist alles andere als einfach. Allein in Australien werden mit Diätprodukten jährlich schätzungsweise fünfhundert Millionen Dollar umgesetzt – weltweit dürften es über dreiunddreißig Milliarden sein. Die Diätgurus leben davon, dass ihre Kuren *nicht* wirken, denn täten sie es, würde ja die Nachfrage stagnieren! Halte Frauen das Bild dünner, praktisch vorpubertärer Geschlechtsgenossinnen vor, baue auf ihr angeborenes Konkurrenzdenken, das beim Anblick dieser Models unweigerlich Neid und Unzufriedenheit hervorruft, und schon klingelt die Kasse, weil die Damenwelt glaubt, Abnehmen sei die Lösung für all ihre Probleme. Die überwiegende Mehrheit der an Bulimie leidenden Frauen berichtet, ihre ersten Bulimie-Anfälle seien während einer Diät aufgetreten.

Ich brauchte etwa 365 Buttercremetörtchen, 300 Schokocroissants, 250 Schwarzwälder-Kirsch-Schnitten, 15 ausgewachsene Käsekuchen und 215 Nusshörnchen, bevor mir klar wurde, dass ich ein Problem hatte. Dann versuchte ich, das Problem wegzuhungern. Und dann dauerte es weitere 467 Familienpackungen Eiscreme (in unterschiedlichen Geschmacksrichtungen), 82 Chickenburger XXL mit großen Pommes und 3891 Schokoriegel, bis ich etwas dagegen unternahm.

Meine Besessenheit in Bezug auf Schlankheitskuren, Körperimage und Essen hinderte mich allmählich daran, mein Leben zu leben. Meine Freundschaften litten darunter, meine Familie, meine Arbeit, mein Kontostand, mein Freundeskreis und mein Liebesleben. Hätte ich es geschafft, den Kopf aus den Keks- und Chipstüten herauszuhalten, die ich damals pausenlos in mich hineinstopfte, hätte ich wahrscheinlich wahrgenommen, was sich in der Welt abspielte.

Es ist *möglich*, ein Leben ohne Körperbesessenheit zu führen. Es gibt keinen vernünftigen Grund, deinem Körper die Schuld daran zu geben, wenn etwas nicht so läuft, wie du es dir vorstellst. Es liegt an dir, ob du dem verführerischen Schokoriegel auf den Leim gehst, den clevere Werbefuzzis dir praktisch ständig unter die Nase halten – auf Plakatwänden, in Zeitschriften und in der Fernsehwerbung. Du *musst* nicht zugreifen!

Du *kannst* essen, du kannst Sex genießen, deinen Körper mögen und offene und ehrliche Freundschaften mit anderen Frauen haben. Eine Freundin ist kein Feind, nur weil sie schlankere Schenkel hat als du. Nahrung ist kein Feind, nur weil du mit deinem Hunger nicht vernünftig umzugehen weißt. Dein Körper ist nicht dein Feind, nur weil du Bindungsangst hast und glaubst, allein ein Märchenprinz könne dich erlösen.

Ich habe dieses Buch geschrieben, weil ich weiß, dass ich kein Einzelfall bin. Dass jeder Gedanke, den ich mir über meine Figur gemacht habe, auch in den Köpfen Millionen anderer Frauen herumspukt. Ich bin nicht die Einzige, die ihren Körper misshandelt, die andere Frauen beneidet und sich den eigenen Hunger versagt. Ich habe es satt, dünn werden zu wollen und zu wissen, dass ich es doch nie sein werde, weil ich mich bei einszweiundsechzig mit sechsundvierzig Kilo *immer noch* für zu dick hielt. Es ist lächerlich, sich Bilder von Sarah O'Hare, Elle Macpherson oder Naomi Campbell an den Kühlschrank zu pinnen, wo ich doch nie auch nur einssiebzig groß sein und immer Rachael Oakes-Ash bleiben werde. Und trotzdem klebte ich mir Fotos von ihnen an die Kühlschranktür.

Meine Essstörungen begannen im zarten Alter von sechs Jahren, als ich auf die Idee kam, meinem Körper die Schuld zu geben, wenn mir das Schicksal (vermeintlich) übel mitspielte. Brüste, die vor der Zeit zu knospen begannen, Hänseleien anderer (dürrer) Mädchen und magere blonde Prinzessinnen, die immer ihren Prinzen bekamen, summierten sich zu einem regelrechten Hass auf meinen Körper. Fitnessstudios, Schlankheitskuren und Erbrechen führten in einen Teufelskreis, den ich für das Leben hielt. Die wenigen Male, wo ich versuchte, diesen zu durchbrechen, war ich derart verwirrt und voller Angst, dass ich ganz fix wieder einen Rückzieher machte.

Genesung ist möglich. Ich weiß es. Ich bin genesen. Aber um dahin zu kommen, musste ich Carol Brady als die zweidimensionale Mutter entlarven, die sie ist, musste ich mich von meinen schlankheitswahnsinnigen Freundinnen lossagen, musste ich aufhören an Thindarella zu glauben, musste ich lernen, dem Spiegel den Rücken zuzukehren und das Licht im Kühlschrank anzulassen. Musste ich aufhören, mich ständig selbst zu bestrafen.

Es wäre gelogen, wenn ich behaupten würde, mich nie danach zu sehnen, das Unerreichbare zu erlangen. Ich gehe für mein Leben gern einkaufen, und ich will immer das, was ich nicht haben kann. Aber ich habe gelernt, meine unersättliche Gier in den Griff zu bekommen und meinen Körper so anzunehmen, wie er ist: stark, gesund – und durchschnittlich.

Drama Queen

Lieber Gott,

ich möchte adoptiert sein. Bitte, bitte lieber Gott, mach, dass ich adoptiert bin. Maryannas Eltern sind so wunderschön. Susan geht so lustig, und Ariane ist so exotisch. Im Vergleich zu ihnen bin ich so langweilig. Bitte, ich muuusss einfach adoptiert sein!

Meine richtige Mutter muss jemand richtig Berühmtes sein, ein berühmter Filmstar, mit einem noch berühmteren Freund. Sie musste mich weggeben, weil das Filmstudio sie dazu gezwungen hat. Die sagten, es würde ihre Karriere ruinieren, und jedes Mal, wenn sie vor der Kamera weinen soll, dann denkt sie an mich.

Bitte, lieber Gott! Wenn ich adoptiert bin, dann werde ich meiner Schwester Megan und ihrem Freund nie mehr nachspionieren.

Im Namen des Vaters, des Sohnes, und des Geistes, der ja so heilig ist,

Amen.

Lieber Gott,

bitte verzeih, dass ich Fotos von meiner Schwester und ihrem Freund gemacht habe, als sie es nicht gemerkt haben. Die Tür war doch einen Spalt breit offen, und sie machten wieder diese komischen Geräusche, und Mom und Dad sagten, sie dürften die Tür nicht zumachen, und sie war wirklich hässlich zu mir, als sie vor all meinen Freunden sagte, ich würde Brüste kriegen, und ich wollte ich mich eben an ihr rächen, und ich weiß, dass ich deshalb nicht adoptiert bin, und es tut mir auch echt Leid.

Ich verspreche, dass ich von jetzt an besonders brav sein werde. Ich werde mein Pausenbrot nicht mehr über das Balkongeländer in den Nachbargarten werfen, und ich werde auch meiner Schwester nicht mehr nachspionieren (was verdammt schwer sein wird, weil sie jetzt einen Monat Hausarrest hat und immer daheim ist).

Amen.

Lieber Gott,

bitte schicke mir eine schwarze beste Freundin. Bitte, bitte, bitte! Genauso wie die im Fernsehen. Ich hätte soooo gerne eine schwarze beste Freundin. Niemand sonst hat eine, und alle wären soooo neidisch!

Wenn du es also einrichten könntest, mir eine schwarze beste Freundin zu schicken, wäre ich dir unheimlich dankbar.

Im Namen des Vaters und so weiter

Amen.

Liebster Gott,

ich vergebe dir, dass du mir keine schwarze beste Freundin geschickt hast. Mom sagt, ich solle mehr Zeit mit Ariane Pappadopoulos und ihrer Familie verbringen. Sie sind Griechen und reden komisch und schlafen alle zusammen in einem großen Bett.

Ich habe meine Koch-Show in Moms Küche geprobt und glaube, ich bin jetzt soweit. Ich habe zwei Kameras, eine in der Ecke oben an der Decke und eine an der Wand, und ich übe, abwechselnd in beide zu sprechen. Genauso wie im Fernsehen. Außerdem habe ich eine im Backrohr, damit ich, wenn ich das Essen rein- oder rausschiebe, direkt zu den Zuschauern sprechen kann.

Du kannst jetzt also den TV-Talentsucher schicken, der mich entdeckt. Ich bin soweit.

Im Namen aller

Amen.

Lieber Gott,

Mom sagt, wir ziehen um – von Brisbane nach Sydney. Meine älteste Schwester heult unentwegt; sie will ihren Freund nicht verlassen. Ich habe ihr gesagt, dass es in Sydney auch Jungen gibt, mit denen sie komische Geräusche machen kann. Da hat sie mir ihr Mathebuch auf den Kopf gehauen.

Mom sagt, ich kann auch in meiner neuen Schule in Sydney Schauspielerin werden. Ich übe jetzt das Weinen, wie die es in den Fernsehserien immer tun. Wenn ich meine Augen so richtig fest zusammenzwicke und mich in den Oberschenkel kneife, dann schaffe ich es schon fast.

Bitte lieber Gott, mach, dass die Kinder in meiner neuen Schule mich mögen. Mom sagt, es könnte sein, dass ich ein Jahr überspringen kann, weil die Schule in Sydney so weit zurück ist. Ich glaube aber nicht, dass ich das will, weil dann wäre ich die Jüngste in meiner Klasse, und ich will doch unbedingt die Älteste sein.

Amen.

Hallo, Gott,

bitte sag meiner Schwester, dass ich nicht vom Teufel besessen bin. Sie versucht doch bloß, mir heimzuzahlen, dass ich ihr nachspioniert habe.

Verrat ihr das bloß nicht, aber es macht mir echt Spaß, mich mir ihr zu streiten, das ist ein prima Training für meine Karriere als Schauspielerin. Die Schauspieler im Fernsehen schreien sich doch ständig an.

Amen.

P.S. Kannst du dafür sorgen, dass Martin Johnson sich in mich verliebt? Ich glaube, er mag Mary lieber – meinst du, das ist, weil ich so dick bin? Vielleicht könntest du machen, dass meine Brust nicht mehr weiter wächst.

Lieber Gott,

glaubst du, ich bin vom Teufel besessen? Ich blute an ganz merkwürdigen Stellen, und ich habe auf einer Seite zwei Brustwarzen. Meinst du, ich habe Krebs? Bitte, bitte mach, dass die Dinger weggehen. Kein Mensch hat drei Brustwarzen. Ich habe extra in den Zeitschriften nachgeschaut, die mein Dad neben dem Bett liegen hat. Bitte mach, dass eine davon abfällt. Bitte, bitte.

Amen.

Hallöchen Gott,

meine dritte Brustwarze ist abgefallen, und ich habe sie im Klo runtergespült. Sie wird doch nicht das Rohr verstopfen, oder? Sie war eigentlich ganz klein. Danke, lieber Gott, dass ich sie los bin. Ich habe auch aufgehört zu bluten, lieber Gott, danke, danke. Ich verspreche auch, dass ich nie mehr Essen aus der Speisekammer klaue.

Amen.

Lieber Gott,

ich blute schon wieder. Lieber Gott, kannst du es nicht bitte aufhören lassen? Niemand sonst in der Schule blutet, und ich weiß einfach, dass alle mich komisch anschauen. Ich weiß es. Was ist bloß mit meinem Körper los, lieber Gott? Bitte lass es weggehen.

Amen.

P.S. Ich werde doch nicht verbluten, lieber Gott. Oder?

Lieber Gott,

ich bin so traurig, lieber Gott. Bitte mach, dass mein Vater Krebs hat.

Er braucht ja nicht dran sterben. Bloß so eine Sache zwischen Leben und Tod – du weißt schon: jede Menge Untersuchungen, dann Besserung und dann wieder Rückschläge. Wenn Krebs nicht geht, dann könnte er vielleicht in eine Geiselnahme im Nahen Osten verwickelt werden, und die ganze Welt verfolgt es am Bildschirm. Au ja, lieber Gott, die ganze Welt soll zuschauen, das ist noch viel aufregender ... bitte mach, dass mein Vater im Nahen Osten als Geisel genommen wird und dass zur besten Sendezeit eine Liveübertragung stattfindet, weltweit, bei der ich zu sehen bin, seine völlig verzweifelte liebende Tochter, die die Kidnapper um Gnade anfleht. Genau das will ich, lieber Gott. Ich verspreche, dass ich brav sein werde. Ich brauche nur einen Grund für diese furchtbare Traurigkeit, lieber Gott. Bitte gib mir einen.

Amen.

Lieber Gott,

ich kann nicht aufhören, Meatloaf zu hören. Seine Lieder sind einfach sooo traurig. Glaubst du, dass mich irgendwann irgendjemand lieben wird? Dann könnte ich ein gebrochenes Herz haben und solche Lieder singen wie Meatloaf. Hast du mal den Texten zugehört? Sie sind einfach wunderschön.

Ich sitze da heule und heule und heule, und ich weiß nicht warum.

Ich bin jetzt in der neuen Schule, lieber Gott. Es ist eine reine Mädchenschule, keine Jungens. Auf diese Schule gehen so viele reiche Mädchen, da könnte doch der Vater von einer gut Filmproduzent sein und mich entdecken.

Amen.

Lieber Gott,

Mom hat mich heute angebrüllt, weil ich einen Kuchen aus dem Gefrierschrank gemopst habe. Sie hat die Verpackung unter meinem Bett gefunden. Bitte lass mich aufhören zu essen, lieber Gott, bitte, bitte! Ich tue alles, wenn du nur machst, dass ich zu essen aufhöre. Bitte mach, dass ich Donnerstag krank bin. Donnerstag haben wir Turnen und werden gewogen, und ich möchte nicht, dass irgendjemand erfährt, wie viel ich wiege.

Amen.

Lieber Gott,

Du wirst es nicht glauben! Die Knabenschule führt ein Musical auf, *My Fair Lady,* und wir dürfen alle vorsprechen. Sogar Katrina Rowland, die noch nie im Leben irgendwas mit einem Musical zu tun hatte.

Ich muss einfach eine Rolle kriegen, lieber Gott. Ich will auch nie wieder aus dem Umkleideraum der Neunten Pausenbrote stehlen. Großes Ehrenwort.

Amen.

Lieber Gott,

danke, danke, danke! Ich bin drin! Katrina, Maryanne, Catherine, Andrea und alle meine Freundinnen spielen auch mit. Es ist ein Heidenspaß. Ich darf singen und tanzen. Vor der Premiere muss ich abnehmen, lieber Gott. Alle werden mich anschauen. Ich habe angefangen, dreimal täglich Melone und Erdbeeren zu essen.

Bei dem Stück spielt ein unheimlich süßer Junge mit. Er heißt Peter und hat einen Blick wie ein Basset. Ist es wahr, dass man beim »richtigen« Küssen die Zunge benutzt? Bitte, lass ihn seine Zunge nicht benutzen, lieber Gott; das heißt natürlich nur, wenn er mich überhaupt küsst.

Amen.

P.S. Ich habe gehört, dass ein Mädchen nachsitzen muss, weil sie im Umkleideraum der Neunten mit einer fremden Pausenbrottüte erwischt wurde. Ob ich mich melden und beichten soll?

Allerliebster Gott,

ich kann noch gar nicht fassen, dass es wirklich passiert ist. Mein erster richtiger Kuss, mit Zunge und allem. Bei der Party nach der Premiere saßen Peter und ich auf der Treppe und hörten Spandau Ballet, und da hat er mich geküsst.

Und weißt du was? Ich habe aufgehört zu essen!!!

Amen.

Lieber Gott,

Naomi hat Andrea und mich gefragt, ob wir nicht Sonntagabend zum Jugendkreis ihrer Kirche mitkommen wollten. Also sind wir mitgegangen. Es ist toll. Ein Haufen süßer Jungens ist dort, und nach dem Singen gibt es für alle was zum Essen. Ich spiele mit dem Gedanken, mir eine Bibel zu kaufen. Was für eine Farbe, meinst du, soll ich nehmen?

Amen.

Hallo Gott,

ich bin wieder verliebt. Nicht dass ich Peter je geliebt hätte, das war bloß ein Kuss. Echt! Dieses Mal ist es Gordon Blake. Ich habe ihn in dem Jugendkreis kennen gelernt. Er surft und ist groß und sieht super aus. Wir küssen uns andauernd, aber jedes Mal, wenn er anfängt, schwer zu atmen, schiebt er mich weg und sagt, wir müssten Bibelstudien treiben. Meinst du, er ändert sich mal?

Amen.

Lieber Gott,

heute habe ich den Teufel gesehen. Ich war allein in der Kirche, und vor mir war ein dunkler Schatten. Ich konnte es nicht genau erkennen, aber ich wusste einfach, dass es der Teufel ist, und deshalb habe ich angefangen zu weinen, und die ganzen Jungens aus der Kirchengruppe kamen angerannt, um mir bei-zustehen. Sie waren richtig besorgt, und ein paar haben schon angerufen und gefragt, ob ich wieder okay bin. Einer kam sogar vorbei, und zwar der, den ich am liebsten mag ... meinst du, er geht mal mit mir aus, wenn ich den Teufel noch einmal sehe?

Amen.

P.S. Habe ich dir schon erzählt, dass ich mit Gordon Schluss gemacht habe? Er mochte meine Freundinnen nicht und hat-te auch was gegen Partys, wo alle schwer atmen.

Lieber Gott,

ich habe einen neuen Jungen kennen gelernt. Er heißt Eric King, und stell dir vor, er ist adoptiert! Das ist praktisch fast genauso gut wie selber adoptiert zu sein, findest du nicht? Ich wusste doch, dass du meine Gebete irgendwann erhören würdest.

Weißt du, wir haben sogar darüber geredet, miteinander zu schlafen – es wäre das erste Mal für uns beide. Meinst du, das tut weh, lieber Gott? Ich meine, ich bin jetzt siebzehn und benutze noch nicht mal Tampons. Allerdings muss ich vorher noch abnehmen. Bin ich ein Flittchen, wenn ich mit ihm schlafe, lieber Gott? Angela hat mit ihrem Freund geschlafen, und alle haben sie eine Nutte genannt, aber das war vor zwei Jahren.

Amen.

P.S. Okay, es tut mir ja Leid, das mit dem Marihuana, aber ich habe dann echt das Gefühl, dir näher zu sein.

Liebster, allerliebster Gott,

ich kann nicht lernen, lieber Gott. Ich sehe beim besten Willen keinen Sinn darin. Ich will eine berühmte Schauspielerin werden. Und dafür braucht man die Abschlussprüfungen doch nicht zu bestehen.

Amen.

Lieber Gott,

das wollte ich nicht, lieber Gott, ehrlich! Mein Körper hat sich einfach über meinen Willen hinweggesetzt. Du weißt doch, lieber Gott, was mein Körper mir immer für Ärger macht. Es tut mir Leid, lieber Gott. Aber es fühlte sich so gut und richtig an, und er wollte es so sehr, und ich hatte doch extra abgenommen, lieber Gott. Ich bin deshalb doch kein Flittchen, lieber Gott, oder? Meinst du, man merkt es mir an?

Bitte vergib mir, lieber Gott.

Amen.

P.S. Wie viele Kalorien hat eigentlich dieses klebrige weiße Zeug von einem Jungen?

Lieber Gott,

Eric hat mit mir Schluss gemacht. In sechs Wochen ist meine Abschlussprüfung, und ich kann einfach nichts essen. Ich will nichts essen. Wie konnte er mir das antun? Was habe ich nur verkehrt gemacht? Ich möchte bloß noch sterben. Ist es, weil ich mit ihm geschlafen habe? Oder weil ich zugenommen habe? Ich habe ihn ja gewarnt: Das Zeug hat mehr Kalorien als ein Marsriegel. Ob es daran liegt, lieber Gott? Bitte mach, dass das daran schuld ist.

Amen.

Lieber Gott,

ich habe richtig viel abgenommen. Bitte lass Eric zu mir zurückkehren, bitte, lieber Gott, bitte! Ich ertrage das nicht. Ich esse nichts mehr. Ich verweigere jede Nahrungsaufnahme, bis er zu mir zurückkommt. Wenn er nicht aufpasst, könnte es passieren, dass ich magersüchtig werde. Mach, dass er zurückkommt, lieber Gott. Bitte, bitte, bitte! Er muss mich doch einfach wiederhaben wollen.

Amen.

Lieber Gott,

Naomi hat heute angerufen und gesagt, alle hätten sie dazu gedrängt. Sie hat mich gefragt, ob ich etwas esse. Ich habe gelogen und gesagt, natürlich esse ich. Sie macht sich Sorgen, dass ich magersüchtig bin. Was für ein Blödsinn! Als könnte ich magersüchtig sein – hast du meine Oberschenkel gesehen? Sie hat gesagt, alle würden über mich reden. Ich möchte wissen, ob sie auch noch über mich reden, wenn ich ganz aufhöre zu essen.

Amen.

Hallo Gott,

was meinst du – wie würden die Leute reagieren, wenn ich auf dem Weg zum Abschlussball bei einem furchtbaren Autounfall ums Leben käme? Mein Kleid in Fetzen; Blut und Pailletten kleben an der Windschutzscheibe. Die ganze Feier ruiniert. Die Mädchen mit verheulten Gesichtern und Mascaraspuren auf den Taftkleidern. Jede würde sagen, ich sei ihre beste Freundin gewesen. Die Kirche wäre zum Bersten voll. Eric würde über meinem prunkvoll geschmückten Mahagonisarg zusammenbrechen.

Ich möchte in einem aquamarinblauen Kleid im Stil der fünziger Jahre begraben werden, mit meiner Katzenaugensonnenbrille und einer rosa Chiffonschleife im Haar. Ich möchte, dass meine richtige Mutter dazukommt, genau in dem Augenblick, in dem mein Sarg ins Krematorium gebracht wird, und alle kriegen große Augen, wenn sie sie sehen, in ihrem Filmstaroutfit. Alle wollen ein Autogramm von ihr, aber sie schiebt sie beiseite, um zu meinem Sarg zu eilen, bevor ich vollkommen zu Asche verbrannt bin. Dann würden sie mich doch alle vermissen, lieber Gott, oder nicht?

Amen.

Hallo Gott,

ich habe die Aufnahmeprüfung für die Schauspielschule nicht bestanden. Sie haben gesagt, ich solle erst einmal »Lebenserfahrung« sammeln. Aber ich weiß, das ist bloß eine Ausrede. In Wahrheit nehmen sie mich nicht, weil ich zu dick bin. Ich habe während des Vorsprechens den Bauch eingezogen, aber sie haben ihn wohl trotzdem gesehen. Bitte, lieber Gott, lass mich aufhören zu essen, bitte!

Amen.

Lieber Gott,

Mom sagt, ich müsse anfangen, mir meinen Lebensunterhalt zu verdienen, also habe ich mir einen Job als Bedienung gesucht. Ich bin von so viel Essen umgeben, es ist ein wahrer Albtraum. Neulich abends ertappte ich mich dabei, wie ich um eine furchtbare Transuse herumlungerte und ihr zuredete, die halbe Portion übrig zu lassen, damit ich es draußen bei den Mülltonnen selber verdrücken konnte. Die Überwachungskamera habe ich mit einer Serviette abgedeckt, damit mir niemand auf die Schliche kommt.

Amen.

Lieber Gott,

meine Schulfreundin Fiona nimmt mich jetzt manchmal mit in die Stadt und hat mich mit ein paar echt coolen Typen bekannt gemacht. Alle ihre Freunde finden mich super. Wahrscheinlich, weil ich laut bin und witzig und ihnen Drinks ausgebe. Neben Fiona komme ich mir vor wie ein Walross. Sie ist so cool und dünn, geht in die richtigen Clubs und kennt die richtigen Leute.

Ich habe einen Job bei diesen echt coolen Modetypen bekommen. Ich manage ihren Laden und hänge mit mageren Frauen herum, die ständig an einem Glimmstengel ziehen. Außerdem darf ich ihre Klamotten tragen und wie Barbie aussehen (oh, wäre es doch so!). Fiona weiß, was *in* ist, was man trinkt, sie kennt die ganzen gut aussehenden Knaben an der Bar, und sie hat mir ihre Pumps mit den Pfennigabsätzen geliehen. Ich sehe richtig glamourös aus – meinst du, man merkt, dass es nicht meine sind?

Amen.

P.S. Ich habe daheim ein Schloss an die Kühlschranktür gehängt, aber Mom hat sich beschwert, weil sie nicht an die Milch für ihren Kaffee kam.

Lieber Gott,

gestern Abend hat Fiona mich einem supercoolen Knaben vorgestellt. Er heißt Brad und ist seit Urzeiten mit ihrer Familie befreundet. Wir waren in einem Nachtclub, und sie wollte heim, aber ich nicht. Ich glaube, sie war sauer, weil ich wieder ihre Pumps anhatte. Brad fragte mich dann, ob ich Lust hätte, noch mit auf eine Party zu kommen, zu der er eingeladen war. Klar hatte ich. Auf dem Weg mussten wir allerdings bei ihm daheim vorbei, eine Flasche Schampus holen. Er hat die Tür zu seinem Zimmer doch bestimmt nicht mit Absicht zugesperrt, lieber Gott, oder? Er rückte mir gewaltig auf die Pelle, aber ich sagte ihm, ich sei nicht interessiert und wolle lieber zu der Party. Haben die meisten Jungens eine Pistolensammlung in der Schublade? Ich muss Fiona fragen.

Ich musste ihn dann in einen Park beim Hafen fahren, und dort ist er richtig über mich hergefallen, so als sei er *Der Pate* oder so. Er hat ganz schreckliche Dinge mit mir gemacht, auf der Motorhaube von meinem Auto, und hat mich die ganze Zeit an den Haaren festgehalten. Ich habe es nicht herausgefordert, lieber Gott, das ist wirklich wahr, und ich hatte einfach zu viel Angst, um ihm zu sagen, er solle aufhören. Wo warst du, lieber Gott? Hilft es was, dass ich die ganze Zeit in den Nachthimmel gestarrt und mir bloß gewünscht habe, es sei bald vorüber? Meinst du, die blauen Flecken auf meinem Rücken vergehen wieder? Ich hoffe bloß, dass ich nicht schwanger bin.

Amen.

Lieber Gott,

heute habe ich mich mit Fiona zum Kaffee getroffen, und sie meinte, ich solle niemandem etwas sagen. Ich habe niemandem was gesagt, lieber Gott, ehrlich. Es würde mir eh keiner glauben. Alle würden sagen, ich täte nur so, in Wahrheit wolle ich doch nur auf mich aufmerksam machen. Ich habe wirklich nichts empfunden, lieber Gott. Es tut mir so Leid, lieber Gott, ich habe dich enttäuscht. Ich hätte es jemandem erzählen sollen, aber das ist nicht so einfach. Bitte, lieber Gott, befreie mich von diesem Körper. Ich komme mir vor wie eine Schlampe. Es soll unser Geheimnis bleiben, lieber Gott, nur deines und meines, oh, und natürlich Fionas. Bitte erzähl es keinem, lieber Gott. Es war doch keine Vergewaltigung, oder? Das war es doch nicht, oder?

Meinst du, er hat es getan, weil er gehört hat, ich sei noch Jungfrau?

Amen.

Lieber Gott,

ich habe es geschafft! Ich bin in die Schauspielschule aufgenommen worden. Scheinbar habe ich jetzt genug »Lebenserfahrung« gesammelt.

Amen.

P.S. Wo steht der Weltrekord im Donutsessen?

Lieber Gott,

ich konnte es einfach nicht. Ich konnte nicht. Es tut mir Leid.
Ich wusste, sie würden mir draufkommen. Jeder muss sein
Innerstes freilegen und in der Schauspielschule quasi nackt
herumtanzen, und ich konnte den Gedanken nicht ertragen,
dass sie meine Zellulitis sehen.

Amen.

Lieber Gott,

heute habe ich mein Flugticket gekauft. In London kennt
mich keine Menschenseele, und ich kann sein, was immer ich
will. – Was meinst du denn, lieber Gott, soll ich sein?

Amen.

P.S. Bitte hol mich aus dem Kühlschrank raus.

Lieber Gott,

Mom sagt, ich sehe richtig mager aus. Ist sie nicht süß? Du und ich wissen natürlich, dass ich noch ein paar Pfunde mehr abnehmen müsste.

Amen.

Lieber Gott,

ich gehe mit einem Millionär aus. Naja, sein Vater ist Millionär. Jedenfalls wird er irgendwann ein riesen Vermögen erben (und eine kleine Insel bei den Bahamas), das heißt, ich könnte eine ganz große Dame werden. Jacinta wird grün werden vor Neid. Danke, lieber Gott.

Amen.

Lieber Gott,

der Herzog (so nenne ich ihn) ist sooo süß. Als ich heute von der Arbeit heimkam, lag er voll angezogen in der Badewanne! Er hat so unglaublich viel Humor. Ich wollte ihn nicht stören, er sah so friedlich aus, wie er da im Wasser schlief, also räumte ich bloß die leeren Bierdosen weg und ging zu Bett.

Amen.

P.S. Kann man Abführmittel überdosieren?

Lieber Gott,

der Herzog will mich heiraten!!! Ich werde »Herzogin Rachael«. Natürlich wollen wir es noch niemandem sagen (der Herzog meint, es sei besser, noch eine Weile zu warten), aber es ist einfach soooo aufregend!

Amen.

Lieber Gott,

alles ist ganz schrecklich, ganz furchtbar schief gelaufen. Der Herzog und ich haben uns getrennt. Er trifft sich schon länger mit einer anderen. Ich ertrage das nicht. Sie ist in mein Zimmer gezogen und schläft mit dem Herzog in meinem Bett. Sie ist an demselben Tag eingezogen, als ich auszog, und hatte angefangen, mein Makeup zu benutzen und meinen Bademantel zu tragen! Ich weiß das, weil die Tube mit der Grundierung offen und mein Bademantel feucht war, als ich sie einpackte. Wie konnte sie das tun, lieber Gott? Ich hasse sie. Ich möchte sterben. Bitte mach, dass sie stirbt, lieber Gott.

Amen.

P.S. Ich habe in zwei Wochen über sieben Kilo abgenommen!

Lieber Gott,

er hat es nicht gemerkt, lieber Gott, er hat es nicht bemerkt! Er kam in das Restaurant, in dem ich arbeite, und er hat es nicht bemerkt. Er hat kein Wort darüber verloren, wie klein und fest mein Hintern jetzt ist, er hat nicht einen Blick auf meine schlanken Schenkel geworfen, auf meinen Bizeps, meinen ultraflachen Bauch. Lieber Gott, warum hat er nichts gesagt?

Er wird »sie« heiraten, wahrscheinlich wird sie sich mit meinen Sachen schminken, und er möchte, dass ich zur Hochzeit komme! Soll ich hingehen, lieber Gott? Ich könnte hingehen und fabelhaft aussehen, und wenn der Pfarrer fragt, ob jemand einen Grund weiß, warum die beiden nicht heiraten sollten, könnte ich aufstehen, und alle würden mich anschauen, und ich könnte allen erzählen, wonach mir gerade ist. Ja, das mache ich. Und dann wird er mit mir am Arm aus der Kirche gehen, und sie hockt heulend da in ihrem Brautkleid.

Lieber Gott, bitte mach, dass er meinen knackigen Hintern bemerkt. Ich will ihn nie wieder sehen, wenn er nicht merkt, wie viel ich abgenommen habe.

Amen.

Lieber Gott,

Mom und Dad sind heute in London angekommen. Ich habe sie ins Theater eingeladen und ihnen erzählt, dass ich Bulimie habe. Das ist es doch, oder nicht, lieber Gott? Es ist doch nicht normal, jeden Tag mehr als zwanzig Abführtabletten zu schlucken, oder? Es ist doch nicht normal, den gesamten Vanilleschnittenbestand der Bäckerei um die Ecke aufzukaufen und noch vor neun Uhr morgens niederzumachen. Oder, lieber Gott? Es ist doch nicht normal, zweimal am Tag im Fitnessstudio zu malochen, oder?

Meine Mutter sagte, sie habe es ja schon immer gewusst, aber wenn sie es gewusst hat, lieber Gott, warum hat sie mich dann nicht davon abgehalten? Und Dad sagte, er hätte gedacht, ich sei stärker. Aber es hat mich doch schon meine ganze Kraft gekostet, es ihnen überhaupt zu erzählen. Ich habe doch das Richtige getan, lieber Gott, oder? Dass ich es ihnen erzählt habe, meine ich. Vielleicht habe ich ja auch gar nicht wirklich Bulimie, vielleicht tue ich nur so. Tue ich nur so, lieber Gott? Bitte sag es mir.

Sie wollen, dass ich nach Hause komme, lieber Gott, aber wenn ich wieder daheim bin, werde ich wieder fett, ich weiß es einfach. Außerdem – vielleicht wird mir der Herzog jetzt, wo ich schlank bin, sagen, dass alles ein großes Missverständnis war und dass doch ich es bin, die er heiraten will. Und für den Fall muss ich doch hier sein. Nicht wahr?

Amen.

Lieber Gott,

seit zwei Wochen bin ich wieder daheim in Sydney. Niemand aus meinem Freundeskreis hat sich so verhalten, als wäre ich überhaupt weg gewesen. Warum haben sie nicht alles stehen und liegen lassen, um mich zu begrüßen, lieber Gott? Sie haben bei Katrinas Hochzeit mehr auf sie geachtet als auf mich, und mich haben sie über drei Jahre lang nicht gesehen! Wie konnten sie das nur tun, lieber Gott? Ich habe drei Wochen lang gefastet, bevor ich heimkam, damit sie über mich reden, aber sie haben bloß die Braut beachtet! Sogar Fiona.

Amen.

Lieber Gott,

Danke, danke, danke! Mein erster Job daheim, und ich bin im PR-Business, genau wie Edina in *Ab Fab!* [A.d.Ü.: die britische Fernsehserie »Absolutely Fabulous«] Die Musikbranche ist unheimlich cool. Alle tragen Jeans bei der Arbeit. Ich natürlich nicht, weil ich in Jeans einen fetten Hintern habe, aber das sage ich nicht. Ich muss mich bei den ganzen Rockstars echt cool verhalten. Bitte pass auf, dass ich mich nicht blamiere.

Amen.

Lieber Gott,

ich habe eine fantastische Konditorei entdeckt, gleich um die Ecke vom Studio. Kein Mensch kennt sie, deswegen kann mich dort auch niemand beobachten. Ich würde sterben, wenn mich jemand dort sähe. Meinst du, sie wissen, dass ich es bin, die die Sandwiches aus dem Kühlschrank klaut, lieber Gott? Bitte mach, dass sie es nicht wissen. Ich verspreche auch, dass ich damit aufhöre.

Amen.

P.S. Ist Kokain eigentlich ein Naturprodukt oder etwas Chemisches?

Lieber Gott,

die Arbeit mit den Rockstars hat mir eigentlich nie besonders Spaß gemacht, lieber Gott, aber das macht nichts, weil ich jetzt nämlich berühmt bin. Ich bin berühmt, ich bin berühmt! Alle meine Träume sind wahr geworden! Du bist ein Star, lieber Gott! Nein, *ich* bin ein Star! Fremde Leute rufen mich an, kennen meinen Namen, erkennen mich auf der Straße, sprechen mich im Supermarkt an. Danke, dass du mir den Job als Radiomoderatorin besorgt hast. Jetzt weiß jeder, wer ich bin. Das ist so ultracool.

Amen.

Lieber Gott,

bitte mach, dass sie aufhören, meine Radiostimme im Supermarkt zu erkennen, sobald ich den Mund aufmache. Es tut
mir Leid, dass ich lügen musste, aber ich konnte doch
unmöglich zugeben, dass alle fünf Großpackungen Schokoriegel für mich sind – dann würde jeder Bescheid wissen.
Manchmal, lieber Gott, manchmal habe ich ganz furchtbare
Angst, dass mir jemand auf die Schliche kommt. Bitte sorg
dafür, dass das nicht passiert.

Amen.

Lieber Gott,

Er ist es, lieber Gott! Ich bin ihm im Lift begegnet. Ich weiß
einfach, dass er der Richtige ist, lieber Gott, bitte sag mir, dass
ich Recht habe. Bitte mach, dass er mich anspricht, lieber
Gott. Er arbeitet im gleichen Gebäude, und ich fahre ständig
mit dem Lift rauf und runter, aber er steigt nie ein. Bitte
mach, dass er einsteigt, lieber Gott, bitte.

Amen.

Lieber Gott,

ich kann gar nicht drüber sprechen. Furchtbare Dinge passieren in der Arbeit. Ich weiß, dass sie es auf mich abgesehen haben. Ich bin mir sicher. Meinst du, sie haben herausgefunden, dass ich was mit dem Kerl aus der Produktion habe? Du wusstest es doch, lieber Gott, oder nicht?

Amen.

Lieber Gott,

ich bin meinen Job los. Der süße Knabe, der im gleichen Gebäude arbeitet und den ich im Lift kennen gelernt habe, wurde auch »freigestellt«. Ich weiß, das ist ein Zeichen, lieber Gott. Eine Fügung des Himmels. Wir sind füreinander bestimmt. Ich spüre es.

Amen.

P.S. Ich glaube, er heißt Michael.

Hallöchen Gott,

du bist ja sooooo gut zu mir, lieber Gott. Stell dir vor, Michael bekommt eine Anstellung bei derselben Firma wie ich. Wir werden gemeinsam berühmt und verkaufen unsere Liebesgeschichte an eine super auflagenstarke Illustrierte. Dann trage ich nur noch Klamotten von Armani und Manolo Blahnik und habe meinen eigenen Fitnessraum und einen Koch – ich will unbedingt einen eigenen Koch.

Amen.

Lieber Gott,

es ist passiert: Michael hat mich gefragt, ob ich mit ihm ausgehe. Wir waren in einem Meatloaf-Konzert. Du bist der Einzige, der das gewusst haben kann, lieber Gott. Es ist alles so wunderbar. Ich weiß, er ist der Richtige.

Amen.

Lieber Gott,

wie viele Joints am Tag sind normal? Ist es wahr, dass es die Spermienanzahl beeinflusst?

Amen.

Lieber Gott,

ich schwöre, ich werde aufhören bei ihm anzurufen und aufzulegen, wenn er abhebt, lieber Gott, wenn du nur machst, dass er mich mehr liebt, bitte, bitte.

Amen.

Lieber Gott,

es ist aus, ich wusste es. Ein Mädchen ging ans Telefon. Er hat eine andere. Ich wusste es, ich wusste es, ich wusste es!
Mistkerl!

Amen.

Lieber Gott,

bitte mach, dass er mich anruft. Ich vermisse ihn so. Er muss einfach anrufen. Er muss.

Amen.

Lieber Gott,

er hat angerufen. Er kommt morgen vorbei und holt seine Sachen. Ich bin so unglücklich, lieber Gott.

Amen.

Lieber Gott,

meinst du, er weiß, dass ich es bin, die ständig bei ihm anruft? Was, wenn er die Anrufe zurückverfolgen lässt? Wenn er eine Anruferidentifizierung hat? Was, wenn es bei mir klingelt, und vor der Tür steht ein Mann mit einer Vorladung fürs Gericht, wegen Belästigung? Dann kommt es in die Zeitung, und alle Welt erfährt davon. Sie werden mich erwischen, und alle Zeitungen bringen Fotos von mir, und ich muss meine Geschichte für viele Tausend Dollar verkaufen, weil mir niemand mehr einen Job gibt. Ich verspreche, ich höre auf, lieber Gott, nur bitte mach, dass er die Anrufe nicht zurückverfolgen lässt.

Amen.

Lieber Gott,

meinst du, ich bin krankhaft eifersüchtig? Ich bin doch nur zweimal an Michaels Haus vorbeigefahren und habe nicht mal das Tempo gedrosselt. Beide Male stand dasselbe Auto in der Auffahrt. Was bedeutet das?

Amen.

P.S. Ich habe wieder sieben Kilo in zwei Wochen abgenommen.

Lieber Gott,

ich hasse mich. Ich kann nicht aufhören zu fressen, und ich meine *fressen*. Bitte, bitte mach, dass ich damit aufhöre. Letzte Nacht habe ich von Brad geträumt, dem Freund von Fiona, der mich mit auf sein Zimmer nahm, um den Schampus zu holen. Meinst du, er ... Ich meine, es war doch nicht ... oder war es doch ... es hätte sein können ... schließlich war ich nicht damit einverstanden ...

Das alles darf einfach nicht wahr sein. Ich möchte meinen Mund zuschweißen und den Rest meines Lebens nur noch schlafen.

Amen.

Lieber Gott,

kann nicht schreiben, muss essen.

Amen.

Lieber Gott,

mir passt überhaupt nichts mehr. Mach, dass dieses Fett verschwindet. Ich bin ein Mammut, ein aufgeblähtes, widerwärtiges fettes Schwein, und ich wünschte, irgendjemand würde
mir den Gnadenschuss geben. Drück ab, lieber Gott, drück
doch endlich ab.

Meinst du, dieses Mal kämen wieder genauso viele Leute zu
meiner Beerdigung? Ich glaube, rosafarbener Satin stünde
mir am besten. Aber ein kräftiges Rosa, kein Babyrosa. Babyrosa macht mich blass.

Amen.

Das Carol-Brady-Syndrom

Ich wünschte, ich wäre Rachael Brady. Uups, habe ich das laut gesagt?

Ich möchte die Tochter von Mike und Carol sein, die Schwester von Marcia, Jan, Cindy, Greg, Peter und Bobby und die beste Freundin von Tiger.

Du kennst doch die Bradys? Die aus *The Brady Bunch*, in Amerika und bei uns in Australien eine echte Kultserie. In Deutschland flimmert(e) sie wohl unter dem Titel *Drei Mädchen und drei Jungen* über den Bildschirm. Jetzt erinnerst du dich aber, oder? Das ist die Geschichte, wo eine blonde Mutter dreier blonder Töchter einen verdammt gut aussehenden Vater dreier Söhne heiratet und die alle zusammen dann einen Haufen Spaß haben und Abenteuer erleben. Siehst du, ich wusste doch, dass du die Bradys kennst!

Naja, jedenfalls möchte ich Mitglied dieser Familie sein. Ich möchte Bad und Schlafzimmer mit meinen Geschwistern teilen. Ich wünsche mir eine reine Haut und eine matronige Haushälterin in der Küche, die so wunderbare Plätzchen backt wie Alice. Ich möchte ein Kästchen auf dem Bildschirm mit meinem Gesicht drin und einen Platz im Familienkombi.

Mit acht Jahren wäre ich am liebsten in den Fernseher hineingekrabbelt (die Narbe an meinem linken Ellenbogen stammt übrigens von einem missglückten Versuch, die Bradys auf ihrem Ausflug zum Grand Canyon zu begleiten). Ich sang mit, als sie ihre erste Schallplatte aufnahmen, jeden Morgen holte ich mir mein dickes Lunchpaket von Alice und bekam einen mütterlichen Kuss von Carol. Wäre es mir gelungen, damals, 1975, während der halben Brady-Stunde in den Fernseher zu kriechen, hätte ich wahrscheinlich Schulter an Schulter mit Millionen anderer Mädchen um Carols Aufmerksamkeit gebuhlt.

Oh, wie ich Carol Brady geliebt habe! Mrs. Brady, die Mutter von mir, Rachael Brady. Carol half mir bei den Hausaufgaben, fuhr mich zu den Cheerleader-Proben und kämmte mein Haar. Ich bekam nie meine Periode, und Carol lächelte immer. Sie putzte nie das Klo, weil es in dem Haus keines gab, und selbst wenn es eines gegeben hätte, hätte ihr die treue Alice das garantiert abgenommen. Ich liebte meine Siebzehn-Uhr-Familie und das zuckersüße Lächeln meiner Mutter Carol. Ich wollte eine Brady sein, weil in deren paradiesisch-konfliktfreier Welt niemals etwas Schlimmes passierte.

Im wahren Leben schrie derweil meine Mutter Zeter und Mordio, weil meine Schwester schlechte Noten heimbrachte, ächzte unter einem Berg ungebügelter Hemden meines Vaters und verfluchte den Tag, an dem der Button-down-Kragen erfunden worden war. Meine Mom war keine Carol Brady, und wie andere Mütter der Carol-Brady-Generation musste sie für dieses Vergehen bitter büßen.

Mutter arbeitete doppelt so hart wie Alice, um eine gute Carol zu sein, und überschüttete uns mit Liebe in Form von Braten und Knödeln, Gulaschsuppe und Spaghetti, selbst gemachter Marmelade, Eiscreme und Kuchen. Der Kühlschrank war immer zum Bersten voll, und obwohl wir

Geschwister nur zu dritt waren, futterten wir problemlos für alle sechs Brady-Kinder.

Es ist nichts Neues, dass man davon träumt, andere Eltern und Geschwister zu haben, selbst wenn es andere Kinder gibt, die sich deine Eltern wünschen. Wenn meine Mutter bis zu den Ellbogen in einer verstopften Kloschüssel steckte, träumte ich von Picknicks, Familienkonferenzen, nie fettenden Haaren und Chiffon-Nachthemden – immer in der Hoffnung, dass irgendwann ich im Zentrum des mütterlichen Universums stehen würde anstelle der Wäsche. Deshalb beneidete ich Marcia, Jan und Cindy um ihre Mütter, während meine Freundinnen mich um meine beneideten.

Geh einmal zur Pausenzeit in einen Schulhof und hör zu, was die Kinder reden. »Hey, ich wünschte ich hätte deine Mama, sie ist so cool; meine Mutter lässt mich nie auf der Straße Rad fahren, und sie gibt mir Äpfel mit, nicht Schokoriegel wie deine.« »Warst du schon mal bei Kelly? Die hat einen Swimmingpool und eine supersonic Barbie mit passendem Cabrio, *und* ihre Mutter lässt sie aufbleiben und *Ally McBeal* anschauen.«

Wäre allein das Carol-Brady-Syndrom schuld an meinem krankhaft verzerrten Körperimage, litte vermutlich jedes Mädchen, das in den Siebzigern aufwuchs, früher oder später an gravierenden Essstörungen. Aber die paradiesische Traumfamilie auf dem Bildschirm, dieser Hort der Glückseligkeit und das neidische Schulhofgeschwätz legten den Grundstein für meine Obsession, mich mit anderen zu vergleichen. Und hat man damit erst einmal angefangen, rücken Befindlichkeiten wie Glück und Zufriedenheit in praktisch unerreichbare Ferne. Dazu dann noch die Pubertät mit all ihren körperlichen Veränderungen, der Aufstieg des Super-models und meine Wunschvorstellung, Carol Bradys schlanke Schenkel in Bellbottom-Jeans zur Schau zu stellen ... So schürte ich, was ein Negatives Körperimage auslöste. Andere Mädchen verglichen derweil ihre Beine mit denen von Barbie oder wünschten sich braunes statt blondem Haar, Naturkrau-se anstelle von Schnittlauchlocken, ihre alkoholkranken Müt-ter nüchtern und ihre brüllenden Väter ruhig und friedfertig.

In unserem Wohnviertel (wie in deinem garantiert auch) gab es eine echte dreidimensionale Carol Brady. Sie hieß Wendy Harrison, war die beste Freundin meiner Mutter und wohnte zehn Häuser weiter. Das Heim der Harrisons war immer tipptopp aufgeräumt und picobello sauber. Alles war perfekt, bis hin zu den zwei Brady-artigen Kindern mit engelsblondem Haar, aquamarinblauen Augen und einer manikürten Mutter, die backte und putzte und die Kinder lächelnd zum Ballett- und Reitunterricht chauffierte. Mrs. Harrison trug ihre goldenen Locken zu Zöpfen gefloch-ten, und ihre großen Augen strahlten über sanft getönten Wangen. Im Sommer lief sie in Shorts herum, und ihre Beine waren schlank und gebräunt.

Die Fingernägel meiner Mutter waren bis aufs Nagelbett abgekaut. Sie trug sichtbar einschneidende Hüftgürtel, und ihre Sommerkleider fielen weit über ihre knubbeligen Knie. Ihr Haar war dunkel, dick und widerspenstig.

Mrs. Harrison backte die besten Napfkuchen der ganzen Gegend, wolkenzarte, lockere goldgelbe Törtchen mit glän-zender bonbonrosa Glasur. Aufgeschichtet zwischen Lagen aus Butterbrotpapier, türmten sie sich in Tupperdosen im obersten Brett ihres Küchenregals.

58

Die unglasierten Schoko-Napfkuchen meiner Mutter dagegen sackten schon in sich zusammen, sobald sie aus dem Ofen kamen; sie landeten unweigerlich gemeinsam mit dem ebenfalls wenig attraktiven Rest meines Lunchpakets früher oder später im hohen Gras des Nachbargartens.

Meine Mutter, ihre Napfkuchen und ihr alles andere als perfekter Haushalt erinnerten mich tagtäglich an das Märchenhaus zehn Häuser weiter und an die Fernsehfamilie wochentags um fünf. Unentwegt spukte mir die ideale Familie im Kopf herum – verkörpert durch die Bradys. Jedes Haus, das auch nur entfernt an das der Bradys erinnerte, wurde in meinen Augen zum Traumhaus. Ich sehnte mich nach der Realität gewordenen Version der Bradys im Harrison-Heim, nur zehn Häuser weiter. Ich war mir ganz sicher: Lebte ich erst einmal in einem solch perfekten Haushalt, würde ich von allen anderen Mädchen bewundert und beneidet und so umworben sein, wie es sich ja wohl jedes Kind erträumt.

Natürlich hatten die Familien, die ich mir als Kind wünschte, ihre eigenen Probleme, aber wohlweislich warf ich niemals einen Blick hinter die Kulissen, hinter die makellose Fassade. Ich glaubte an den schönen Schein, ich schluckte den Mythos, dass es die perfekte Familie gibt, und schob folgerichtig meiner eigenen Familie die Schuld dafür in die Schuhe, dass sie nicht perfekt war. Ich war überzeugt, die Einzige zu sein, die sich genierte, wenn ihre Mutter ihr vor den Augen ihrer Freundinnen einen Abschiedskuss gab oder den Matheunterricht störte, um mir das Lunchpaket vorbeizubringen, das ich morgens zu Hause vergessen hatte.

Irgendwann kam ich dann darauf, dass ich, wenn schon nicht die perfekten Eltern, so doch wenigstens einen perfekten Körper haben könnte, dann würde alle Welt merken, dass ich anders war als meine Familie. Vielleicht würden sie sogar annehmen, ich sei adoptiert!

Während ich also für die Rolle des dritten Zöglings im Heim der Harrisons zehn Häuser weiter vorsprach, rackerte meine Mutter sich ab, ihre drei Töchter glücklich zu machen. Als die Bay City Rollers die Hitparaden stürmten, opferte sie einen ganzen Nachmittag, schnitt meine Jeans auf Kniehöhe ab und säumte sie mit einem breiten Streifen Karostoff. Ich zeigte mich augenblicklich damit auf der Straße, strahlend vor Stolz, weil ich die Erste in unserem Viertel war, die eine solche Hose ihr Eigen nannte.

Als meine Schwester Megan in unserem Keller für ihre Highschool-Freunde Partys gab, verbrachte Mom ganze Tage in der Küche, um den Haufen junger Leute mit Kuchen und belegten Broten abzufüttern. Und mit derselben Güte und Geduld träufelte sie meiner anderen Schwester, Jacky, die Medizin gegen ihren Sonnenstich auf Zuckerherzchen, ohne ein einziges »Hab' ich's dir nicht gleich gesagt?«, und sie weinte mit uns, als der letzte Welpe unserer Hündin Misty in ein gutes neues Zuhause verkauft wurde. Aber all das reichte nicht. Es war nicht genug. Ich wollte mehr. Und deshalb kreischte ich und stampfte mit dem Fuß auf den Boden und forderte meine Brady-Fantasie ein, und meiner Mutter blieb nichts übrig, als Nein zu sagen.

Ich gierte nach Perfektion, und angesichts der Erkenntnis, dass meine Familie weit davon entfernt war, perfekt zu sein, entschied ich mich, mir die Illusion bei den Harrisons zehn Häuser weiter zu holen.

Jeden Nachmittag nach der Schule starrte ich mit großen Augen auf das oberste Regalbrett in der Küche der Harrisons, wo die verführerischen, märchenprinzessinnenrosa glasierten Napfkuchen lagerten. Manchmal, wenn ich mir absolut sicher war, dass mich niemand beobachtete, zog ich einen Hocker heran, stieg hinauf und warf einen verstohlenen Blick in die Tupperdose, um den süßen Zuckerduft zu inhalieren. Manchmal war ich noch kühner, streckte die Hand aus, fasste hinein und umschloss einen der köstlichen kleinen Kuchen mit grabschigen Fingern. Und an manchen Tagen steckte ich mir sogar einen der Kuchen in den Mund. Ich hatte jedes Mal furchtbare Angst, erwischt zu werden.

Jedes Kind macht das, die einen seltener, die anderen öfter: Man tut etwas Verbotenes, obwohl man weiß, dass, falls man ertappt wird, eine schlimme Bestrafung droht – die Fotos betrachten, die der große Bruder unter seinem Bett versteckt hat, in den Tiefen von Moms Handtasche nach einem Groschen angeln. Der Unterschied war, dass ich es bei anderen Leuten tat. Ich stahl das Essen anderer Leute, weil ich nach der Perfektion gierte, die es versprach. Natürlich bekam ich sie nicht, aber das hinderte mich nicht daran, mehr zu ersehnen. Die Napfkuchen in der Küche der Harrisons sind meine früheste Erinnerung an zwanghaftes Essen. Ich *musste* den Kuchen einfach haben, und nichts konnte mich daran hindern – nicht die panische Angst, ertappt, nicht die Aussicht, als Diebin entlarvt zu werden.

Hätte Mrs. Harrison mich überrascht, hätte sie wahrscheinlich gelacht, die Tupperdose heruntergeholt und mir noch einen weiteren Napfkuchen angeboten. Aber ich schämte mich bereits für meinen Hunger. Ich war groß für mein Alter, und ich hörte immer »dick«, wenn die Erwachsenen sagten: »Ja, du bist aber ein großes Mädchen«. Ständig suchte ich nach Entschuldigungen für meine Gene. Ich wollte so perfekt sein wie die Harrison-Kinder: zierlich, durchschnittlich, klein. Mein im Wachstum befindlicher Körper brauchte und verlangte mehr Nahrung, aber wenn ich mehr aß, kam ich mir vor wie ein Schwein.

Wenn du aufs Essen fixiert bist, erinnerst du dich höchstwahrscheinlich an das erste Mal, als du dich selbst dabei ertappt hast, etwas Verbotenes zu tun, um an ein bestimmtes Nahrungsmittel zu gelangen. Bei vielen waren es die Eistüten in der Gefriertruhe des Tante-Emma-Ladens, für andere der Hawaiitoast der besten Freundin, die man, nachdem der eigene verschlungen war, mit irgendetwas ablenkte, damit sie wegschaute und man von ihrem abbeißen konnte. Oder später dann, nach einem Ärger mit dem Chef oder einem Kollegen, das verzweifelte Rütteln am Süßigkeitsautomaten.

Wie die meisten kleinen Mädchen träumte ich von Tüllröckchen und Spitzenschuhen mit rosafarbenen Satinbändern. Jeden Samstag chauffierte meine Mutter mich zur Ballettstunde im örtlichen Gemeindehaus, wo meine Freundinnen und ich eine Stunde lang vorgaben, Schmetterlinge zu sein, die im Sommerwind tanzen. An einem Samstag drehten sich die anderen Mädchen mit kleinen Holzkäfigen in der Hand, in denen bunten Vögelchen aus Watte saßen. Ich sollte allein in der Mitte des Saales tanzen, während die anderen Mädchen mit ihren Käfigen um mich herumschwebten. Ich hatte keinen Käfig, aber das machte mir nichts, denn ich tanzte schließlich ein Solo. Ich stellte mir vor, ich sei eine Märchenprinzessin und die anderen Mädchen meine Zofen.

Ich hatte keinen hölzernen Vogelbauer, weil ich nicht zur Ballettprüfung zugelassen war (für die man mit einem dieser Käfige vortanzte). Ich tanzte allein und hielt mich für etwas Besonderes, während die anderen für die Prüfung probten. Niemand sagte mir, dass ich unbegabt war. Trotzdem merkte ich eines Samstags, dass ich nicht deshalb ein Solo tanzte, weil ich besonders gut war, sondern weil ich auf diese Weise nicht mit den anderen Mädchen zusammenrumpelte.

Ich war nichts Besonderes. Ich war nicht einmal gut genug. Mein Gesicht brannte vor Scham, und ich wünschte, der Gemeindehausboden täte sich auf und würde mich verschlingen.

Die Schuld daran gab ich meinem Körper. Ich hatte zu viele Napfkuchen gestohlen. Ich hätte auch meine Mutter verantwortlich machen können, weil sie mir nicht die richtigen Schuhe gekauft hatte, oder ich hätte es der Ballettlehrerin anlasten können, weil sie mich nicht mochte. Ich hätte sogar der Klavierspielerin die Schuld geben können, weil sie den Takt nicht hielt. Aber das tat ich nicht. Ich schob es auf meinen Körper. Ich war acht Jahre alt, und als mir klar wurde, dass ich nichts Besonderes war, gab ich meinem Körper die Schuld. Ich hatte es ganz allein mir selbst zuzuschreiben. Ich selbst war der Grund dafür, dass ich nicht gut genug war.

Nach diesem Erlebnis nahm ich nie wieder Ballettstunden. Ich war mir sicher, dass es meine Fresslust war, die mich in diese Bredouille gebracht hatte, dass ich die Finger von den zartrosa glasierten Märchennapfkuchen würde lassen müssen, wenn ich eine zartrosa Märchenprinzessin sein wollte. Mit acht Jahren war ich das größte Mädchen der Gruppe im Gemeindesaal. Nicht das dickste, nur das am höchsten gewachsene. Trotzdem war dies der Anfang meines Schlankheitswahns. Wenn ich heute zurückdenke, war ich damals wirklich nicht dick, nur einfach ungraziös, eher geschaffen für Sportarten wie Schlagball oder Judo als für Spitzenschuhe und Tüllröckchen. Freilich hätte die Erkenntnis, die mich im Ballettunterricht traf, mich genauso gut auf der Reservebank der Schlagballmannschaft oder im Klassenzimmer treffen können. Das ist etwas, was jeder Mensch durchmacht. Irgendwann im Leben findet man heraus, dass man nicht das Zentrum des Universums ist.

Im Haus unserer Eltern mögen wir die Gescheitesten, Schönsten und Besten sein, aber in der großen weiten Welt ist es nur eine Frage der Zeit, bis man sich mit der unabänderlichen Tatsache abfinden muss, dass man möglicherweise eben nur eine hübsche kleine »Miss Durchschnitt« ist.

Manch ein Mädchen trifft dieser Schock erst im Teenageralter, wenn ihre beste Freundin den Jungen kriegt, den sie wollte. Ein rascher Vergleich zeigt, dass diese Zurückweisung damit zusammenhängen muss, dass sie den dickeren Hintern, die flachere Brust oder ein paar Pickel mehr im Gesicht hat. Wann immer dieser Augenblick der Erkenntnis auch kommt, es tut weh. Verdammt weh. Doch kommt es nur darauf an, welche Schlüsse wir daraus ziehen. Ich zog es vor, meiner eigenen Unvollkommenheit die Schuld zu geben, anstatt zu akzeptieren, dass das nun einmal der Lauf der Welt ist.

Als ich neun war, bereitete sich mein Körper auf die Pubertät vor. Ich war in der vierten Klasse, das Theaterstück der Jahrgangsstufe war *Oliver Twist*, und ich sollte die Hauptrolle spielen. Meine Klassenkameradin Nichola Ballard war ein exotisches Geschöpf mit mandelförmigen Augen und glänzendem langem Haar. Wenn sie lächelte, zeigte sie eine Reihe makelloser weißer Zähne, und sie ging nicht, sie schwebte (du kennst den Typ!). Nicola sollte den Artful Dodger spielen und ich den Oliver Twist, den »stets hungrigen Knaben, den es immer nach mehr verlangte«. Nicolas Mutter verlangte es danach, ihre Tochter zum Star zu machen, und deshalb erbot sie sich, die Regie der Schulinszenierung zu übernehmen.

Der Tag der Aufführung rückte näher, und wir mussten uns um die Kostüme kümmern. So machten wir uns denn auf zum örtlichen Kostümverleih, wo ich begeistert die Bestände durchforstete. Ich probierte gerade eine wunderschöne rote Brokatweste an, als Nicolas Mutter, die mit den Knöpfen derselben kämpfte, sich entschloss, einen Kommentar über meinen Bauch zum Besten zu geben. »Rachael ist recht kräftig für ihr Alter«, erklärte sie vor versammelter Mannschaft, »sie hat viel zu viele Gummibärchen genascht.«

Ich wäre am liebsten im Boden versunken. Sie hatte mich durchschaut und aller Welt meine Gefräßigkeit verraten. Dass sie versuchte, mich in ein Kostüm zu zwängen, das mir drei Nummern zu klein war, war nebensächlich. Das Einzige, was für mich eine Rolle spielte, war die Tatsache, dass sie meine hemmungslose Fresslust ans Licht gebracht hatte.

Ich war so stolz gewesen, die Hauptrolle in dem Schultheaterstück zu spielen, aber jetzt wollte ich nur noch weglaufen und mich verstecken. Ich sah mich selbst, »groß für mein Alter«, mit dickem Hintern auf der Bühne stehen, zum Gespött aller, auch meiner Freunde und Familie. Ich war hin und her gerissen zwischen der Pflicht, ein braves Mädchen zu sein und mich bei Nicolas Mutter für meine Figur zu entschuldigen, und dem Bedürfnis, meinem Kummer Luft zu machen. Meine Erziehung hinderte mich daran, Mrs. Ballards wabbelige Hängebacken zu ohrfeigen, und so trat ich den Rückzug an und tröstete mich mit einem extra dicken Stück Schokoladekuchen.

Wie die meisten Kinder bekam ich, wenn ich krank war, liebevoll zubereitete Suppe. Zu meinem Geburtstag gab es eine Torte und zu allen anderen festlichen Gelegenheiten einen Berg Süßigkeiten. Essen war etwas Wunderbares, war Spaß und Lust und Trost und Belohnung. Ich war ein aktives Kind und verbrannte alles, was ich in mich reinstopfte. Erinnerst du dich an jene herrlichen Zeiten, als du ein deftiges Frühstück, drei Müsliriegel, eine Tüte Gummibärchen, Mittagessen, Kekse, zwei Schokomilchshakes, sündhaft süße Fruchtsäfte, Abendessen und Eiscreme vertilgen konntest und immer noch die Rippen rausstanden? Ich war immer die Größte der Klasse, jedes Halbjahr brauchte ich eine neue Schuluniform und schaute auf die Knaben hinunter, die ich noch vor kurzem angehimmelt hatte.

Jeder Erwachsene fühlte sich bemüßigt, einen Kommentar zu meiner Körpergröße abzugeben. »Oh, du siehst aber viel älter aus als sechs (oder sieben oder acht)«. Ich wurde mir des Unterschieds zwischer meinem Körper und denen meiner Freundinnen schon allein deshalb sehr früh bewusst, weil man mich ständig darauf ansprach. Dabei wäre ich, wie die meisten Kinder, am liebsten irgendwo im Strom mitgeschwommen. Mein Körper sorgte dafür, dass das nicht möglich war. Schon im ersten Jahrzehnt meines Lebens lernte ich also, meinem Körper die Schuld daran zu geben, wenn etwas nicht nach meinen Vorstellungen lief, und ich entwickelte eine zwanghafte Fresslust, noch bevor ich in die Pubertät kam. Auf diese Art und Weise stellte ich frühzeitig die Weichen für lebenslangen Körper- und Nahrungsmittelmissbrauch. Und die hormonelle Achterbahnfahrt der Pubertät zementierte dieses Verhaltensmuster dann so richtig fest ein.

Frühreifes Früchtchen

Meinen ersten Orgasmus hatte ich im zarten Alter von drei Jahren auf dem Sattel meines roten Dreirads.

Später verlagerte sich mein Interesse weg von dem Metallsattel des Dreirads hin zu dem hölzernen »Pferd« in der Hobbywerkstatt meines Vaters. Meine Schwestern schwangen sich auf die Rücken lebendiger Rösser, aber ich war vollkommen zufrieden damit, meinen imaginären Hengst zu reiten. Das Gefühl war einfach fabelhaft, und kindliche Schläue hielt mich davon ab, dieses Geheimnis auszuplaudern. Deshalb behielt ich meine täglichen Galopprunden auf dem Holzbock für mich.

Mit sechs Jahren überragte ich die Jungs im Schulhof. Als ich zehn war, rannte ich schneller, kletterte höher und warf weiter als alle Jungen, die ich kannte. Die Pausen verbrachte ich entweder gummihüpfend oder Kricketstarbilder tauschend mit den Jungen am Netz im hinteren Teil des Schulhofs. Für einen David Hookes bekam ich mit etwas Glück einen Joel Garner, einen Gordon Greenidge und die Chance, nach dem Unterricht eine halbe Stunde mitspielen zu dürfen.

Die Samstagnachmittage verbrachte ich meist damit, im elterlichen Schlafzimmer die *Playboy*-Hefte durchzublättern, die mein Vater sammelte. Sobald ich sicher war, dass Mom und Dad anderweitig beschäftigt waren, zog ich die Schlafzimmertür hinter mir ins Schloss, öffnete das Nachtkästchen und hielt den Atem an. Dann zog ich die Hefte aus dem mittleren Fach – natürlich nicht, ohne mir genau zu merken, in welcher Reihenfolge sie lagen, um nur ja keine Spuren zu hinterlassen. Seite für Seite gab es da Brüste, Beine, Muschis, lockig, geschoren und völlig rasiert, große Titten, kleine Titten, braune Titten, blass rosa Titten, Lipgloss-glänzende Münder, lange, lackierte Fingernägel, weit aufgerissene Augen, blonde Haare, schwarze Haare, rote Haare, Schuhe und Stiefel mit Plateausohlen, Leder, Gummi, Spitze, Seide, Mädchen mit geschlossenen Beinen und mit gespreizten Beinen, mit geschlossenen Lippen und aufreizend »oh« sagend, und meine zehnjährigen Augen fielen mir fast aus dem Kopf. Ich prahlte vor den Jungs mit den *Playboy*-Heften meines Vaters, und sie versprachen mir das gesamte Kricketteam der Westindischen Inseln, wenn ich ihnen einmal eines mitbrächte.

Die Körper der *Playboy*-Mädchen verwirrten mich. Ich betrachtete ihre langen Beine, ihre flachen Bäuche und ihre festen, kecken Brüste, und ich verglich sie mit den Körpern meiner Umgebung. Sie passten nicht zusammen. Der Leib meiner Mutter hatte unter drei Schwangerschaften gelitten, die Körper meiner Schwestern waren von Pubertätspickeln verunziert. Meine Lehrerinnen hätte man auf den Seiten dieser Zeitschrift nie gefunden. Ich wusste, diese Körper existierten, ich hatte sie mit eigenen Augen gesehen, aber in meinem Alltag konnte ich sie nicht entdecken.

In demselben Jahr begannen sich meine eigenen Brüste zu entwickeln. Sie glichen bei weitem nicht den Melonen auf den Hochglanzfotos. Stattdessen sah ich, wenn ich allabendlich meine Schuluniform auszog, kleine Pflaumen sprießen. Trotzdem – ich wollte sie nicht und versuchte, sie flach zu drücken, indem ich unter der Schuluniform einen Badeanzug trug. Gott bewahre, dass die Jungen meine Knospen entdeckten und mich vom Kricket ausschlossen, weil ich ein Mädchen war.

Aber es waren nicht nur die Jungen, vor denen ich mich fürchtete. Viel schlimmer noch war die Angst, meine Mutter könnte sie sehen, und ich brach in bittere Tränen aus, als meine älteren Schwestern sie darauf hinwiesen. Ich kam mir unförmig vor, dick und grobschlächtig, wenn ich mich mit meinen flachbrüstigen Fünftklässlerfreundinnen verglich. Ich schien das frühstentwickelte Kind in der Geschichte der Menschheit zu sein, aber das war eine Ehre, die ich ablehnte. Meine Freunde sammelten Punkte als Kricket-Schlagmann oder fuhren mit Barbie in ihrem Camper in Urlaub. Ich versteckte mich in der Umkleidekabine der Wäscheabteilung des Kaufhauses, als meine Mutter den ersten BH für mich kaufte. Schaudernd stand ich da, während die Verkäuferin das Maßband unter meinen Armen durch über meinen Busen zog. »Sie ist eindeutig ein D«, vertraute sie meiner Mutter an, so als sei ich überhaupt nicht anwesend. »Ein Sport-BH wird ihr nicht mehr passen.« Mit diesen Worten präsentierte sie mir genug Stützdraht und Stoff für ein ganzes Zirkuszelt. Einmal umgeschnallt, betonte die grauenvolle Konstruktion das volle Volumen meiner Brüste und machte sie, dessen war ich mir absolut sicher, zu Zielscheiben des Spotts der ganzen Schule.

Das Ungetüm, das die Verkäuferin meiner Mutter aufdrängte, verschwand zu Hause in der hintersten Ecke meines Kleiderschranks, und ich schnürte meinen Busen weiterhin, damit er möglichst unauffällig blieb. Meine Mutter verlor kein Wort darüber. Genau wie ich war auch sie wenig erfreut über meinen frühreifen Körper. Keiner von uns wollte wahrhaben, dass aus mir eine Frau wurde; wäre es nach uns beiden gegangen, wäre ich für immer Kind geblieben. Wenn ich meine Brüste immer fest herunterschnürte und die Schmerzen ignorierte, die mir ihr Hüpfen beim Sport verursachte, vielleicht, ja vielleicht würden sie sich dann irgendwann zurückbilden?

Natürlich bin ich nicht das einzige Mädchen, das ihre Periode sehr früh bekam und einen Bügel-BH trug, bevor sie in die siebte Klasse kam. Aber ich ging auf eine kleine Schule, und mein Busen fiel unweigerlich auf. Freundinnen haben mir von ihrem ersten BH-Kauf erzählt. Manche werden noch heute verlegen, wenn die Rede darauf kommt. Das sind unweigerlich die Frühreifen. Andere berichten, wie gedemütigt sie sich fühlten, weil sie noch in der Highschool flach waren wie ein Bügelbrett. Gerade in der Pubertät wollten wir alle möglichst mit dem Strom schwimmen, und wer zu den Früh- oder Spätentwicklern zählte, zog eben das Augenmerk auf sich.

Ich fühlte mich wie ein Kind, benahm mich wie ein Kind und hatte den Körper einer Frau. Ich verspürte den dringenden Wunsch, meinen Körper zum Fundbüro zu bringen und seiner ordnungsgemäßen Besitzerin zurückzugeben. Irgendwo musste es doch eine Frau geben, die in meinem Kinderkörper herumlief, und ich wollte ihn wiederhaben!

Ich war von jeder Menge Geschlechtsgenossinnen umgeben, von meinen Spielgefährtinnen über meine Schwestern bis hin zu meiner Mutter, aber ich wollte um Himmels willen nicht so werden wie sie. Wenn ich eine Frau würde, könnte ich möglicherweise in einem dieser Hefte landen, die

Geschäftsleute wie mein Vater mit gierigen Augen verschlangen, oder – noch schlimmer – ich könnte mit einem Körper geschlagen sein, der ganz anders aussah, und dann würde mich überhaupt niemand anschauen.

Mein Busen wurde meine geringste Sorge, als ich mit elf Jahren Blutflecken in meinem geblümten Höschen entdeckte. Meine Mutter drückte mir eine Packung Binden und die beiliegende Gebrauchsanweisung in die Hand, und es wurde nie wieder darüber gesprochen.

Ich war mir sicher, dass alle Welt das Windelpacket unter meinen Shorts sah, und ich lief puterrot an, als mich die Lehrerin vom Sportplatz winkte, um »unter vier Augen« mit mir über die Blutflecken auf meiner Schuluniform zu sprechen. Sie murmelte etwas wie »anders als andere Mädchen«, »weniger Zeit auf den Kricketfeld verbringen« und »regelmäßig auf die Toilette gehen«. Ich erzählte meinen Freundinnen, ich hätte mich geschnitten, und rannte, den Schulblazer um die Taille gebunden, heulend nach Hause.

In der Highschool, so ab der sechsten, siebten Klasse, wollte jedes Mädchen die Periode haben. Es bedeutete schließlich, dass man erwachsen war. Wer seine Tage noch nicht bekam, galt noch als Kind, als kleines Mädchen. Dort hätten mich alle beneidet. Aber in der Grundschule machte es mich zur wandelnden Zielscheibe des Spotts.

Mit elf Jahren wollte ich nichts zu tun haben mit der Verantwortung, die regelmäßiger Bindenwechsel mit sich brachte, und ich wäre weiß Gott glücklicher gewesen ohne einen Busen, auf den die Jungens im Schulhof mit dem Finger zeigten, ohne die geflüsterten Bemerkungen, die andere Mädchen im Umkleidraum hinter vorgehaltener Hand über mich machten, und ohne die Hänseleien meiner Schwestern. Essen machte das Ganze erträglicher und versteckte die Kurven zwischen dicken Fettpolstern. Garantiert trugen auch andere frühreife Mädchen übergroße T-Shirts, liefen mit Rundrücken und gesenktem Blick herum und hielten beständig die Arme vor der Brust verschränkt.

Nachmittag für Nachmittag verbrachte ich mehr Zeit in der Milchbar um die Ecke als zu Hause. Ihr Inhaber verkaufte mir pfundweise Caramelbonbons und fütterte mich mit Sahnewindbeuteln ab, die seine Frau gebacken hatte. Wenn ich vor der Bonbontheke stand und die Münzen in meiner schweißnassen Hand zählte, merkte ich, wie er Mitleid mit mir empfand, weil er dachte, ich bekäme daheim nicht genügend zu essen, und so steckte er immer ein bisschen mehr in die Tüte.

Fünf Minuten später war ich zu Hause und schleuderte hastig meine Schultasche in eine Ecke, um möglichst rasch in die Küche zu kommen, wo mich Moms selbst gebackener Apfelstrudel erwartete.

Ich war nicht fett, doch im Vergleich zu den flachbrüstigen Mädchen in meiner Klasse kam ich mir fett vor.

In der Mädchenoberschule dann traf ich andere großbusige Mädchen und fühlte mich geringfügig besser. Im Umkleideraum versteckte ich mich hinter meinem Handtuch und musterte die Körper meiner Mitschülerinnen. Welche Erleichterung, wenn andere dicker und unförmiger waren!

Während ich die anderen Mädchen anstarrte, immer in der Hoffnung, einen Körper zu finden, der voluminöser war als der meine, starrten die anderen ganz zweifelsohne auf meine Figur. Die Spätentwickler beneideten mich um meinen Busen, die Normalentwickler hofften, ihrer werde nicht mit derselben Geschwindigkeit wachsen wie meiner, und die Frühentwickler fanden Trost in meinen Kurven.

Sobald ein ausreichend großer Anteil der Schülerinnen eines Jahrgangs zu menstruieren beginnt, wird es schick, über Krämpfe, Wärmflaschen und Binden zu diskutieren. Wer diese Sprache nicht beherrscht, ist noch nicht alt genug um mitzureden, gehört noch nicht dazu. So bilden sich in jeder Jahrgangsstufe Gruppen: Die Spätentwickler suchen Trost in den unbehaarten Körpern ihrer Leidensgenossinnen. Und bei den Frühentwicklern geht es jetzt darum, möglichst rasch eine richtige Frau zu werden. Permanent werden Figuren verglichen, gemessen und gewogen.

Am Anfang jedes Trimesters während der siebten und achten Klasse wurden wir im Sportunterricht gewogen. Die Lehrer lasen das Gewicht laut ab, und das Echo der Zahlen hallte von den kahlen Wänden der Turnhalle wider: »DREIUNDSECHZIG, Dreiundsechzig, dreiundsechzig...« Lag die ausgerufene Zahl über dem eigenen Gewicht, war kollektives Aufatmen zu vernehmen.

Ich dachte damals, die Kilos würden auf Lebenszeit dokumentiert. In Gedanken spielte ich mit der Möglichkeit, für einen entsprechenden Geldbetrag die Aufzeichnungen später ändern oder löschen zu lassen und so die Wahrheit zu vertuschen. Ich sah Schulleiter vor mir, in dunklen Trenchcoats, die sich mit einem »Psst! Willst du die Gewichtsaufzeichnungen der 7. Klasse kaufen?« an junge Frauen heranmachen. Wer diese Zahlen kannte, wusste, wie viel jemand anderes damals auf die Waage gebracht hatte und konnte die betreffende Person künftig bloßstellen. Ich versuchte immer, am Wiegetag krank zu sein.

Doch der Wiegetag war nicht das einzige Ereignis, das ich in der Zeit der Pubertät zu umgehen trachtete. Die ersten drei Jahre auf der Highschool drückte ich mich nach Möglichkeit darum, Einladungen hübscher dünner Mädchen anzunehmen, bei denen aknegeplagte Jungen anwesend sein würden. »Aber selbstverständlich komme ich gern, danke für die Einladung, bis Samstag dann«, pflegte ich zu sagen, verbrachte den Abend dann aber daheim mit Pizza und Eiscreme, während meine Freundinnen mit Stewart, Robert und Andrew schwoften. Meine Freundinnen bereiteten sich auf ihr bevorstehendes Frausein vor, während ich das meine vor der Glotze zu verdrängen suchte.

Nicht dass ein Samstagabend im Kreise der Familie unproblematisch gewesen wäre.

Ich hatte bereits angefangen, meine Mutter als ein schwaches, bemitleidenswertes Geschöpf anzusehen, als eine Versagerin. Ich hasste die Art und Weise, wie sie sprach, die Mahlzeiten, die sie kochte, die Kleider, die sie trug, und dann fühlte ich mich schuldig wegen dieses Hasses. Ich verglich sie ständig mit Mrs. Harrison, Carol Brady und den Müttern meiner Freundinnen. Ich wollte die Tochter irgendeiner anderen Mutter sein (vorausgesetzt natürlich, sie war blond, zweidimensional und perfekt), nur nicht die meiner eigenen.

Weigerte sich meine Mutter, mir den brandheißesten Den-musst-du-haben-sonst-hast-du-keine-Freunde-mehr-Nietengürtel zu kaufen, wurde ich eklig und zog Plan A aus der Tasche – beleidigte Leberwurst.

Wirkte Plan A nicht, pflegte ich auf Plan B zurückzugreifen – Kreischen, Schreien und Heulen. Plan B ist besonders wirkungsvoll vor großem Publikum, auf der Rolltreppe eines Kaufhauses beispielsweise oder in einem überfüllten Pendlerzug.

Plan C – emotionale Erpressung – startete stets mit dem Satz: »Wenn du mich wirklich lieben würdest, würdest du mir das kaufen. Du kannst gar nicht meine richtige Mutter sein, ich bin bestimmt ein Adoptivkind.«

Zu Plan D gehörte das Entwenden von Geld aus ihrem Portemonnaie, wenn sie schlief (nach einer Weile kam sie mir allerdings auf die Schliche und hielt von da an ihr Nickerchen mit dem Geldbeutel unterm Kopfkissen). Funktionierte das alles nicht, ließ mich Plan E zuckersüß werden: »Ich liebe dich doch soooooo ... Mommmy. Du bist die allerbeste Mommy der Welt. Alle meine Freundinnen sagen das. Und du siehst so hübsch aus heute, Mom. Diese Napfkuchen schmecken einfach klasse.«

Irgendwo zwischen Plan A und Plan E pflegte meine Mutter gewöhnlich nachzugeben und mir den Gürtel zu kaufen. Eine kurze Weile sonnte ich mich im Neid der anderen Mädchen, aber schon wenige Tage später lag der Gürtel im hinteren Teil meines Kleiderschranks, zusammen mit dem Plisseerock der letzten Woche, den Plateausandalen des letzten Monats und dem dunkelblau-schwarzen Kilt des letzten Jahres. Samt und sonders Relikte der ständigen Schlacht, alles zu kriegen, was ich mir in den Kopf setzte.

Ich hatte sanftmütige Freundinnen, die ihre Mutter nie anbrüllten, die stets liebreizend lächelten und sich mit einem Nein abfanden. Neben ihnen kam ich mir vor wie der reinste Teufel.

Wenn meine Mutter Nein sagte, hasste ich sie. Wenn sie Ja sagte, hasste ich sie immer noch.

Als ich vierzehn war, sprachen meine Mutter und ich zwei unterschiedliche Sprachen. Ich erlernte einen sechsten Schritt, den tollkühnen Plan F: »Wenn du mir kaufst, was ich möchte, dann erzähle ich dir etwas über mich, Mom«, und dann tauschten wir Informationsschnipsel gegen Kleider, Makeup oder Konzertkarten.

Ich schluckte den Hass auf meinen Körper, den Hass auf meine Mutter und den Hass darauf, wie sich mein Leben entwickelte, indem ich den Wocheneinkauf niedermachte, bevor meine Mutter noch die Einkaufstaschen auf dem Küchentisch abstellen konnte, und den Gefrierschrank nach Kuchen durchstöberte, die ich dann noch tiefgefroren verschlang. Das verschaffte mir eine gewisse Befriedigung, Erleichterung von den Kämpfen, der Existenzangst und Einsamkeit eines Teenagers.

Ich durchlitt also die Pubertät, nichts Neues. In vielerlei Hinsicht hatte ich es leicht. Ich bekam keine Akne (bis auf ein paar Pickel auf dem Rücken), ich brauchte keine Zahnspange, und es mangelte mir nie an Freunden. Die Pubertät ist keine neue Erfahrung. Meine Mutter machte sie durch, ihre Mutter und auch deren Mutter. Sie heulten über den Beatles anstatt über Air Supply und Meatloaf, sie bettelten ihre Mütter um einen Poncho an statt um einen Plisseerock. Aber ansonsten wahr es wohl dasselbe. Jeder macht das durch, und gewöhnlich überlebt man es auch. Jeder hat so seine eigene Art, damit umzugehen – die einen ignorieren die Spötteleien, andere stürzen sich kopfüber in die Hausaufgaben, und wieder andere rotten sich rauchend in der Schulhofecke zusammen. Niemand wird wegen ungewaschener fettiger Haare oder schlechten Geschmacks in Sache Mode vor den Kadi gezerrt. Trotzdem hasste ich die Pubertät, weil sie mich veränderte.

Sie war schuld daran, dass man mich anstarrte, bevor ich reif dafür war, und ich las die Frage in den Augen jedes Mädchens, das mich zu Gesicht bekam: Werde ich irgendwann auch solche Brüste haben?

In der Schule war ich der laute, lustige, immer gut aufgelegte Klassenkasper. Das Amphitheater der Schule mit seinen breiten Stufen diente uns als Solarium. Wie die Hühner auf der Stange saßen die Mädchen mit hochgeschlagenen Röcken und runtergerollten Söckchen auf den Stufen und streckten ihre Beine in die Sonne. Hier wetteiferten wir um unseren Platz in »der Gruppe«.

Es gab eine feste Rangordnung. Das ranke, schlanke und reiche Teilzeitmodel aus der 12. Klasse saß auf der obersten Stufe, die langweilige Blondine, die jeden Mann bekam, hatte den Platz neben ihr. Eine Reihe tiefer fand man die fesche Nachtclubbiene, auch sie ihre beste Freundin neben sich. Es folgten Daddy's Girl, mal ganz oben, mal eher in der Mitte, und das Mädchen aus dem Jungenbus (sie ebenfalls mal weiter oben, mal weiter unten, immer abhängig davon, welchen Klatsch sie an dem betreffenden Morgen im Bus aufgeschnappt hatte). Dann kamen die netten Mädels (in der Mitte) und zuletzt die weniger geschätzten (auf den untersten Stufen). Fragt eure Mütter, und sie werden euch dieselben Mädchen beschreiben, denn auch sie sind mit ihnen zur Schule gegangen.

Im Amphitheater trafen wir uns, um den neuesten Klatsch zu hören, um unseren Platz in der Hackordnung sicherzustellen und stundenlang darüber zu trachten, wer bei der letzten Party mit wem bei was gesichtet wurde. Als Klassenkasper standen mir alle Stufen offen – aber nur, wenn ich etwas zu bieten hatte. Die beliebtesten Mädchen duldeten mich in ihrer Nähe, weil ich sie zum Lachen brachte. Aber ich wollte etwas, was mir einen Dauerplatz in den oberen Rängen sicherte, nicht nur das Recht auf gelegentlichen Zugang. Ich musste wie diese Mädchen werden oder wenigstens etwas haben, worauf sie neidisch waren. Ich wollte nicht wieder allein in der Mitte tanzen. Auf den Stufen des Amphitheaters lernte ich Schlankheitskuren machen und Gegessenes wieder hochwürgen, lernte mein Leben dadurch in den Griff bekommen, dass ich mein Gewicht in den Griff bekam, lernte meinen Hunger zu ignorieren und meinen Appetit zu zügeln.

Ich sah, wie andere Mädchen, die weder besonders hübsch waren noch über wichtige Kontakte oder einen reichen Daddy verfügten, sich durch besonders gute oder besonders schlechte Noten, durch »Mutproben« wie Rauchen in den Toiletten, kess gekürzte Schuluniformröcke oder Ausschenken von Daddys Alkohol eine Position in den oberen Rängen ergattern.

Ständig bekamen wir zu hören, dass Äußerlichkeiten keine Rolle spielten, dass es nur darauf ankäme, was wir im Kopf hätten: Noten, sportliche Glanzleistungen (und die Fähigkeit unserer Eltern, das Schuldgeld rechtzeitig zu zahlen), aber wir wussten, dass es ungleich wichtiger war, mit welchem Jungen man ausging, was der Vater beruflich machte, welche Designerklamotten man trug, wie lange Beine man hatte, wie blond das Haar, wie schmal die Taille war. Wir wussten es, weil es das war, worüber wir in jeder Pause redeten.

Bei Schulausflügen klauten Andrea Beckett und ich regelmäßig riesige Mengen Schokolade aus der Autobahnraststätte und verschlangen sie dann hinten im Bus. Den nächsten Halt verbrachten wir dann am Straßengraben, die Finger im Hals, und beobachteten, wie die braune Brühe wieder hochkam.

Da es unmöglich war, Schokolade zu fressen *und* einen höheren Platz im Amphitheater zu behalten, gingen wir dazu über, das Hineingeschlungene wieder zu erbrechen. Das war allemal besser, als unsere Position aufzugeben.

Insgeheim beneidete ich die Mädchen, die Schokolade mampften und sich einen Dreck um einen Platz im Amphitheater scherten. Aber wahrscheinlich wollten auch sie irgendwie dazugehören und wussten nur nicht wie. Andere Mädchen hockten permanent über ihren Büchern, spielten Volleyball, Tennis *und* Hockey oder schnüffelten an Klebstofftuben. Alles, weil sie dazugehören wollten, es aber irgendwie nicht schafften, oder aber aus Angst, eines Tages aus irgendeinem Grund nicht mehr akzeptiert zu werden.

Die Neigung, mich mit anderen zu vergleichen, mein Bedürfnis nach ständiger Aufmerksamkeit und ein gestörtes Körpergefühl waren die besten Voraussetzungen, Essstörungen zu entwickeln. Unter anderen Vorzeichen hätte ich auch drogenabhängig werden können, Alkoholikerin oder Spielerin oder irgendetwas anderes Selbstzerstörerisches.

In jener Zeit dort im Amphitheater schwankte ich zwischen Kleidergröße 40 und 42. Soweit mich mein Gedächtnis nicht trügt, das sei dazugesagt, denn das steht so stark unter dem Einfluss meines pathologisch-negativen Körperimages dieser Zeit, dass ich ehrlich gesagt keine Ahnung habe, welche Konfektionsgröße ich wirklich trug. Wahrscheinlich hielt ich mich für eine 42 und träumte von einer 36. Soweit ich mich erinnere, könnte ich auch 38 oder 40 getragen haben. Wie auch immer – ich war nicht direkt dick, aber ich war etwas vollschlanker als der Durchschnitt und mir dieser Tatsache Tag für Tag bewusst. Ich hatte aufgehört, in die Höhe zu wachsen, und musste nun zusehen, wie andere Mädchen, die in die Pubertät kamen, über mich hinausschossen.

Der Verhaltenskodex der Highschool-Schülerinnen änderte sich abrupt, als Sexualität ins Spiel kam. Wenn ich ins Flirtgeschäft einstieg, würde dann nicht unweigerlich herauskommen, dass die lustige Dicke einfach nur dick war und das Lustigsein nur spielte, um mit von der Partie zu sein? Ich war beliebt. Ich war nicht dick, ich war relativ gut in der Schule, aber ich lebte in ständiger Angst, dass mir einmal die Witze ausgehen könnten und ich dann genauso »out« wäre wie die Mädchen auf den untersten Stufen. Dennoch war mir instinktiv klar, dass ich, wollte ich meinen Rang behaupten, die Flirtarena betreten musste.

Bei den Gelegenheiten, bei denen ich mich auf unbekanntes Testosteron-Territorium vorwagte, war ich folglich besonders laut, besonders witzig und hoffte inständig, meine große Klappe würde von meinem großen Körper ablenken.

Das dritte Fach im Kühlschrank war mein Samstagabend-Knutschpartner. Das musste so sein, denn falls ich zu der Party ginge und dort mit einem Jungen herumknutschte, wie konnte ich mir dann sicher sein, dass ich würde aufhören können? Ich war nicht in der Lage, beim dritten Fach aufzuhören, sondern verschlang auch den Inhalt des vierten und fünften, warum also sollte es bei den Jungen anders sein? Besser daheimzuhocken als das Risiko einzugehen, zurückgewiesen zu oder gar ein Flittchen zu werden.

In diesem Stadium hatte sich meine Fresssucht von Mrs. Harrisons Napfkuchen-Orgien über das Aufkaufen praktisch aller Vanilleschnitten der Konditorei an der Ecke hin zum Verschlingen unaufgetauter Lebensmittel aus dem mütterlichen Gefrierschrank gesteigert. Meine Unterrichtsstunden verbrachte ich damit, von den Nahrungsmitteln zu träumen, die ich auf dem Heimweg vertilgen würde, natürlich immer mit tief in die Stirn gezogenem Hut, damit mich nur ja kein Mensch dabei sah. Ich wollte verhindern, dass jemand eine Verbindung herstellte zwischen dem Schokoriegel in meiner Hand an der Bushaltestelle und dem Umfang meiner Oberschenkel. Meine Fresssucht hatte die heimischen vier Wände verlassen und von meinem öffentlichen Leben Besitz ergriffen.

Thindarella

Mit fünfzehn war ich erpicht darauf, Pluspunkte für mein Schulzeugnis zu sammeln, und meldete mich folglich freiwillig für soziale Aufgaben in der Gemeinde. Ich wurde einem respektablem Seniorenstift zugeteilt, wo Sportwagen fahrende Yuppies ihre betagten Eltern unterbrachten, damit diese nicht mehr von ihrem Erbe ausgaben als unbedingt nötig.

Die meisten Heimbewohner lebten allein in Einzimmerapartements, in denen es nach Essen und alten Menschen roch. Sie hatten, wie auch ich, eine Schwäche für Süßes und taten nichts lieber, als mit einer Schachtel kandierter Früchte und einer Tasse Tee dazusitzen und von ihren Enkelkindern zu erzählen. Da ich den größten Teil der Unterrichtszeit damit zubrachte, mir zu überlegen, wie ich trotz der Ebbe in meinem Geldbeutel zu etwas Essbarem kommen könnte, war ich, wenn ich im Altenheim ankam, normalerweise in richtiger Fresslaune.

Hätte ich nicht so eine furchtbare Abneigung gegen kandierte Früchte gehabt, so hätte ich den Alten wahrscheinlich die orange Gelatine aus dem Gebiss gekratzt, aber selbst für mich gab es gewisse Grenzen, die ich nun mal nicht überschritt. Deshalb klaute ich stattdessen das Abendessen von den Essenswagen und verschlang heißhungrig püriertes Roastbeef und Gemüse. Ich hätte meiner leiblichen Großmut-

82

ter das Essen gestohlen, hätte sie sich nicht zwei Meter unter der Erde in appetitloser Sicherheit befunden.

Um an Nahrungsmittel oder Geld für Nahrungsmittel zu kommen, entwickelte ich unternehmerischen Erfindungsgeist. In der 9. Klasse verfiel ich auf den genialen Gedanken, zu wohltätigen Zwecken Süßigkeiten zu verkaufen. Ich erwarb kiloweise Karamellstangen, die ich in Puffreis tauchte und mit Schokolade überzog und dann unter dem Vorwand an meine Schulkameradinnen verkaufte, den Erlös an ein Heim für behinderte Kinder weiterzuleiten. In Wahrheit kam das Geld natürlich einer anderer bedürftigen Person zugute: mir. Ich finanzierte mir davon meine allabendlichen Fish and Chips, Cremehörnchen und Schokoladeneclairs. Ich verkaufte unter Vorspiegelung falscher Tatsachen Nahrungsmittel, um damit das Geld zu verdienen, das mir die Nahrungsmittel finanzierte, die ich wirklich wollte.

Einmal im Jahr veranstaltete die Schule eine Schoko-Rallye, bei der jede von uns Schachteln mit zehn Schokoladetafeln kaufte und diese dann zugunsten der Klassenkasse an Eltern, Verwandte oder Nachbarn weiterverscherbelte. Ein Paradies für Fresssüchtige wie mich, da die Schachteln frei zugänglich in den Umkleideräumen herumstanden – Schachteln, randvoll mit Mandel- und Nougat- und Marzipanschokolade. Ich wartete, bis der Unterricht anfing, und machte mich dann in den leeren Umkleidräumen über meine Beute her. Die Mädchen würden die Tafeln, die meiner Fressattacke zum Opfer fielen, aus eigener Tasche ersetzen müssen.

Wie Bulimiker und zwanghafte Esser in aller Welt, so fraß ich niemals vor anderen. Ich achtete wohlweislich darauf, dass die Luft rein war, bevor ich die alten Leuten oder meine Mitschülerinnen bestahl. Nach außen hin war ich fröhlich, immer gut gelaunt und höflich zu den Lehrern. Das stellte sicher, dass niemand auf den Gedanken verfallen würde, mich zu verdächtigen, wenn der Diebstahl aufkam.

Es gab nichts, das während eines Fressanfalls vor mir sicher gewesen wäre. Ich hätte hungrigen Kindern in Afrika ihren Reis weggegessen, aber ich beschränkte mich auf wehrlose senile Menschen und spastisch gelähmte Kinder. Feierte ich eine Fressorgie, verließ mich jede Selbstbeherrschung und Moral. Je tiefer ich sank, desto größer die Gier. Je größer die Gier, desto tiefer sank ich. Je tiefer ich sank, desto größer die Verzweiflung, der Selbsthass, desto größer die Fresswut.

Als Katrina Rowland nach zwei Wochen Eiern, Grapefruit und Hühnerfleisch acht Kilo schlanker in die Schule kam, glaubte ich, die Lösung für all meine Probleme, den Schlüssel zu Schönheit und Popularität gefunden zu haben. Wenn sich die Jungen so für mich interessierten wie für Katrina, wäre meine Stellung in der Gruppe gesichert, solange ich meinen Appetit unter Kontrolle hielt. Und wenn es mir gelang, zu kontrollieren, was in meinen Körper hineinging, würde ich auch einen Kuss kontrollieren können, könnte Spaß mit den Jungen haben und ihre Einladungen annehmen. Schlankheitskuren würden mir dazu verhelfen, meine Kurven in den Griff zu bekommen und meine Probleme für immer loszuwerden.

Wie Generationen von Frauen vor mir stürzte ich mich mit geradezu religiösem Fanatismus auf die unterschiedlichsten Diäten. Ich hatte mit eigenen Augen gesehen, was eine Schlankheitskur bei Katrina bewirkt hatte, und ich wollte dasselbe für mich: einen anderen Körper, eine andere Figur, einen höheren Rang auf den Stufen des Amphitheaters. Ich ging vor

Dr. Scarsdale, Jenny Craig, Jane Fonda und fünfundzwanzigtausend anderen Selbstverleugnungsgurus in die Knie. Die Diät der israelischen Armee bestimmte meinen Tagesablauf. Eine junge Christin auf der anderen Seite des Globus' experimentierte mit Ernährungsplänen, die dazu konzipiert waren, die syrische Armee in der Wüste zu schlagen, und ich hatte das Gefühl, den Kampf zu gewinnen. Ich meldete mich bei den Weight Watchers an und schlich mit Sonnenbrille und Trenchcoat getarnt zu den wöchentlichen Treffen.

Schlankheitskuren wurden zu meinem Daseinszweck. Mit von Vitaminmangel getrübtem Blick und Verstand probierte ich alles aus, was irgendjemand irgendwann irgendwo gehört hatte. Die Russische-Prinzessinnen-Diät bestand aus der Rinde von zwei Bäumen und einer Kartoffel. Ich wickelte die Kartoffel in die Rinde, verschlang das Ganze in nicht einmal fünf Minuten – und fand dann heraus, dass es für eine ganze Woche hätte reichen sollen. Bar jeder Selbstachtung kniete ich vor der Kloschüssel, neben mir eine leere Flasche Nimm-zehn-Pfund-an-einem-Tag-ab. Ich zählte Kalorien, Zentimeter, Millimeter, Kilos, Pfunde, Unzen, Gramm, Fettanteile und Ballaststoffkonzentrationen.

Einem Halbgott in Weiß zahlte ich den Gegenwert meines (nicht billigen) Schulgelds, um meinen Babyspeck loszuwerden. Er verordnete mir Erdbeeren und Wassermelone fünfmal täglich und maß meine Speckrollen mit einer Zange. Als ich entdeckte, dass ein Marsriegel zweihundertfünfundsiebzig Kalorien hat, begann ich meine eigene Drei-Mars-am-Tag- (und sonst nichts)-macht-dich-stramm-Hurra-Diät und nahm mit achthundertfünfundzwanzig Kalorien am Tag tatsächlich über fünf Kilo ab. Meine Haut sah aus wie Scheiße, aber hey, mein Bauch war flach! Du glaubst doch nicht etwa, ich mache Witze?

Sobald ich merkte, dass eine Diät nicht funktionierte, was früher oder später bei jeder der Fall war, schrieb ich alle guten Vorsätze in den Wind und fraß den Kühlschrank leer. Wie viele Ausreden braucht ein Mädchen? Wie viele Rechtfertigungen gibt es für jedes Gramm zu viel? Das sind Wassereinlagerungen. Ich bin kurz davor, meine Tage zu kriegen. Meine Füße schwellen bei Hitze an, warum sollte es bei den Oberschenkeln anders sein? Die Jeans ist in der Wäsche eingegangen. Meine Fresse, ich bin fett und muss eine Schlankheitskur machen. In vier Wochen ist der Abschlussball. Wenn ich Sonntag mit der Diät anfange, reicht das. Okay, ich fange Montag an, gleichzeitig mit dem offiziellen Wochenbeginn (und vorher kann ich natürlich nochmal so richtig reinhauen). Hatte ich mich dann endlich auf einen Termin festgelegt, fing ich an, alles Nötige einzukaufen: Karotten, Sellerie, Suppe, Cracker, Obst – ohne jemals auf den Gedanken zu kommen, dass es eine Schlankheitskur war, die mich überhaupt erst hatte dick werden lassen.

Wenn ich abnahm, wollten alle Mädchen das Geheimnis meines Erfolgs wissen, und so hielt ich täglich in der Mittagspause Sprechstunde ab, verteilte Diätrezepte und gute Ratschläge. »Iss nie etwas, wo Mehl drin ist«, »Steige jeden Tag um dieselbe Zeit auf die Waage, am besten gleich morgens früh, wenn du nüchtern bist«, »Trenne strikt zwischen Eiweiß und Kohlenhydraten, zwischen Kohlenhydraten und Ballaststoffen, zwischen Ballaststoffen und Wasser, Wasser und Kartoffeln, Kartoffeln und Apfelsinen, und auf überhaupt gar keinen Fall darf Essen Spaß machen!« Ich quälte, hungerte, trainierte und kotzte meinen Körper zur Perfektion und war regelrecht high, wenn ich meine Brüste schrumpfen sah.

Nach wie vor erhielt ich Einladungen zu Partys, und nun nahm ich sie nicht nur an, sondern ging auch hin. Natürlich immer mit geschlossenen Lippen, damit nur ja keine Kalorie hinein und kein Appetit herauskommen konnte. Bei einer dieser Feten entdeckte ich das ultimative Schlankheitsrezept: Ich verliebte mich.

Sich verlieben – der perfekte Appetitzügler. Mit jedem Kuss meines Beaus nahm ich ein Kilo ab. Schließlich wollte ich nicht riskieren, dass mein neuer Freund mich verließ, weil ich zu dick war.

Der Kühlschrank blieb unangetastet, während ich neben dem Telefon saß und auf seinen Anruf wartete. Ein fünfzehn Jahre alter Märchenprinz errettete mich vor meiner Fresslust, und ich zog Kraft aus meinem schlanken Körper. Schlankheitskuren verdankte ich meine Figur, meiner Figur verdankte ich den Knaben, und dem Knaben verdankte ich den Platz neben den coolen Girls im Mathekurs. Mein neuer Körper und mein neuer Freund waren *der* Gesprächsstoff, und ich sonnte mich im Rampenlicht. Als er dann aber einen Schritt zu weit ging, gab ich ihm den Laufpass – aus Angst, dass seine Finger in meiner Unterwäsche jene unstillbare Lust freisetzen würden, die unter Kontrolle zu halten mich so schon so viel Kraft kostete.

Was die Jungfräulichkeit angeht, so ist der Verhaltenskodex an einer reinen Mädchenschule höchst komplex und unter allen Umständen einzuhalten. Verlier deine Unschuld ja nicht vor der elften Klasse, und falls doch, erzähl es bloß niemand. Verlier deine Unschuld immer an einen Jungen, mit dem du seit mindestens drei Monaten befreundet bist. Bleib bis zum Ende der Schulzeit mit ihm zusammen, und schlafe, falls ihr euch trennt, bis dahin keinesfalls mit einem anderen. Ein Bettpartner für zwei Schuljahre, ja keiner mehr, sonst giltst du als leichtes Mädchen – austoben kannst du dich dann an der Uni. Verlierst du deine Unschuld zu früh, heißen die Mädchen dich eine Nutte. Verlierst du sie zu spät, schimpfen die Jungen dich frigide. Bleib schön beim Rudel und im Durchschnitt. Und spann ja keiner anderen den Freund aus, wenn du nicht willst, dass man dich Flittchen nennt. Wenn deine Freundinnen dich fragen, antworte, dass ihr alles »bis auf das eine« gemacht habt, selbst wenn ihr in Wahrheit schon sämtliche Höhen und Tiefen erkundet und gründlichst erforscht habt.

Mit siebzehn wurde es also offiziell Zeit, meine Jungfräulichkeit zu verlieren. Im letzten Schuljahr verliebte ich mich denn auch passenderweise und schenkte »ihm« drei Monate später meinen Körper.

Ich war ein Kind, das sich auf Erwachsenenterrain begab, verführte meinen Freund nach allen Regeln der Kunst und war überzeugt, dass er, da er meinen Körper liebte, auch mich liebte. Ich hatte nichts dagegen, dass dieser Junge mich berührte oder nackt sah, solange ich schlank war. Aber nachdem mein Paarungstrieb einmal freigelassen war, begann ich zu essen, um die widersprüchlichen Gefühle zu unterdrücken, die ich meinem Körper gegenüber empfand. Zwar legte ich nur ein paar Kilo zu, doch das reichte, um mich beim Liebesspiel das Licht ausmachen zu lassen und mich auf dem Weg ins Bad in ein möglichst großes Laken zu wickeln. Irgendwann kam der Tag, an dem ihm mein Körper nicht mehr genug war, und er beendete unsere Beziehung und brach mir am Telefon das Herz.

Zwei Wochen lang lebte ich von nichts als Brotkrumen, um meinen Körper dafür zu bestrafen, dass er mich so schmählich im Stich gelassen hatte. Darüber hinaus fügte ich frühmorgendliches Radfahren und spätabendliches Aerobictraining in meinen Tagesablauf ein. Dankend lehnte ich ab, wenn meine Mutter mich mit Cremeschnitten, Schokokeksen und Sahnejoghurt verwöhnen wollte. Ich beobachtete, wie sie das alles daraufhin selbst verzehrte und fühlte mich wahrlich heldenhaft. Ich blieb hart, behielt alles im Griff und überwachte mit Argusaugen jeden Krümel, der über meine Lippen kam. »Jetzt wird er mich wieder haben wollen«, dachte ich jedes Mal, wenn ich mich abends in den Schlaf heulte. Mein Busen und meine Hüften schwanden, und mein Körper entwickelte sich um Jahre zurück. So, wie ich mich vorher gemästet hatte, um meine Sexualität zu verbergen, hungerte ich nun aus demselben Grund.

Ich konnte die Gefühle meines Exfreundes nicht kontrollieren und auch nicht die Prüfungen des letzten Schuljahres, deshalb kontrollierte ich stattdessen meinen Körper. Magersucht wurde mein Lebensinhalt. Wagte sich mein Hunger zu melden, gab ich ihm eins auf den Schädel. Ließ er sich nicht unterdrücken, spuckte ich alles wieder in die Kloschüssel. Ich leerte meine Eingeweide mithilfe von Abführmitteln und betete um eine Lebensmittelvergiftung, damit ich noch mehr abnahm. An einem Punkt gelang es mir tatsächlich, meinen abtrünnigen Exfreund noch einmal in mein Bett zu locken. Wo einst Kurven gewesen waren, gab es nur noch Ecken und Kanten, und ich kam mir vor der minderjährige Star eines Kinderpornos. Doch mein magerer Körper reichte nicht aus, ihn zu halten. Er sagte, er vermisse mein Fleisch, doch ich wusste, dass es mein Fleisch war, das mich von Anfang an betrogen hatte, und war entschlossen, es mir auf Dauer vom Leib zu halten.

Ich war magersüchtig, aber wie jede echte Magersüchtige stritt ich diese Tatsache vehement ab. Mir war klar, dass kein Mensch auf Dauer von den lächerlichen Lebensmittelmengen leben konnte, die ich meinem Körper gönnte, und mir war auch klar, dass Rad fahren vor der Schule gefolgt von Aerobic und Work-Out nach der Schule für einen Teenager nicht normal waren. In meinem Jahrgang hatte es andere magersüchtige Mädchen gegeben. Einige waren ins Krankenhaus eingeliefert worden, andere hatten ohne viel Aufhebens die Schule verlassen. Nie hätte ich gedacht, dass mir dasselbe passieren könnte.

Die Kontrolle und die Macht, die ich über meinen Hunger und meinen Körper hatte, machte mich regelrecht high. Wochenlang lebte ich in dem euphorischen Wissen, dass ich Gewicht verlor und noch weiter abnehmen konnte. Der Tag, an dem ich die Fünfzig-Kilo-Schallmauer auf der Badezimmerwaage durchbrach, bildete einen Höhepunkt in meinem magersüchtigen Leben. Ich hatte es geschafft, ich war unter die magischen Fünfzig gekommen. Wenn ich jetzt noch die Fünfundvierzig schaffte ... Ich wünschte, ich wöge fünfundvierzig, ich wünschte, ich wöge fünfundvierzig, ich wünschte, ich wöge fünfundvierzig Kilo ...

Meine Mutter hatte längst jede Hoffnung aufgegeben, ihre rebellische jüngste Tochter zur Vernunft zu bringen, und wusste, dass jeder Versuch, mich zum Essen bewegen zu wollen, von vornherein zum Scheitern verurteilt war. Jedes Mal, wenn sie mir etwas zu Essen anbot, lehnte ich mit einem entschiedenen »Nein« ab. Sie ging dazu über, offene Schokoladenkekspackungen herumliegen zu lassen, wenn ich aus der Schule heimkam, aber selbst die waren keine echte Versuchung für meinen eisernen Willen.

Je mehr Aufmerksamkeit ich bekam, desto mehr blühte ich auf. Besorgte Lehrer zogen mich beiseite und erkundigten sich besorgt, ob der Prüfungsdruck des letzten Schuljahres mich überfordere. Ich schenkte ihnen ein zauberhaftes Lächeln und versicherte, alles sei bestens, kein Grund, sich Gedanken zu machen. Dass die viel zu weit gewordene Schuluniform an mir herunterhing, war ein grandioses Gefühl. Schaut her, wie viel ich abgenommen habe. Ich spüre, wie der Rock auf meinen Hüftknochen hängt. Wie hatte ich nur jemals anders leben können? Ich fühle mich phantastisch!

Donnerstagabend stellte ich meinen magersüchtigen Leib im Biergarten zur Schau – in einem knallengen, nabelfreien Outfit. Die Jungen umfassten meine Taille, und ich lachte, wie sie es im Film tun, und fühlte mich unglaublich stolz und mächtig.

Manche Magersüchtige wollen damit auf sich aufmerksam machen. Schaut her, schaut mich an, schaut, wie ich leide. Schaut, wie meine Rippen herausstehen, eure tun das garantiert nicht. Das Bikinihöschen spannte so über meinen Hüftknochen, dass ich, wenn ich auf dem Rücken lag, meine Schambehaarung sehen konnte. Das verschaffte mir ein solches Glücksgefühl, dass ich es kaum zu beschreiben vermag.

Fünfundfünfzig Kilo, neunundvierzig Kilo, achtundvierzig, siebenundvierzig, sechsundvierzig ... Weiter runter ging es nicht, und aus lauter Verzweiflung fing ich an, das Wenige, was ich aß, wieder auszukotzen. Nach den Abschlussprüfungen verschlang ich eine Familienpackung Twix und steckte mir gleich darauf die Finger in den Hals und würgte so lange, bis das ganze eklig gelbbraune Zeug wieder in der Kloschüssel schwamm. Da ich nie besonders gut darin war, mich selbst zum Erbrechen zu bringen, verlegte ich mich auf Abführmittel und, wenn es denn sein musste, Ipecac-Sirup. In Verbindung mit konstantem exzessivem Fitnesstraining sorgte dies dafür, dass ich das erste Jahr nach dem Schulabschluss unter der Fünfzig-Kilo-Marke blieb. Nicht länger magersüchtig, da ich ja Nahrungsmittel zu mir nahm, balancierte ich auf der Grenzlinie zwischen Magersucht und Bulimie. Ständig hungernd und, wenn die Fressgier überhand genommen hatte, alles wieder erbrechend.

Immer wieder kehrte ich in den nachfolgenden Jahren zu diesem krankhaften Muster zurück, hungerte mich bis auf die Knochen herunter, wann immer ein Mann mich verließ. Doch von Mal zu Mal wurde es schwieriger. Weißt du noch, diese fantastische Diät, die damals so toll gewirkt hat? Die Diät, mit der du all deine überflüssigen Pfunde verloren hast, bis dir die präpubertären Jeans wieder passten? Voller Stolz erinnern wir uns an diese Diät und messen alle anderen an ihr. Oft versuchen wir, diese Diät zu wiederholen und wieder die winzigen Jeans zu tragen. Doch das funktioniert in aller Regel nicht. Nachdem ich einmal auf sechsundvierzig Kilo war, verbrachte ich viele Jahre in dem Glauben, wieder dorthin kommen zu müssen. Doch das gelang mir nie. Manchmal kam ich diesem Ziel relativ nahe, aber Alter, ein bereits beeinträchtigter Stoffwechsel und hemmungslose Fressanfälle verhinderten es.

Ich war nie in ärztlicher Behandlung, obwohl es bestimmt Leute gab, die der Ansicht waren, es wäre nötig gewesen. Weihnachten präsentierte ich meinen mageren Körper in einem Bikini und packte meine Geschenke in einem knappen T-Shirt aus, um meine Schwestern zu verärgern: Seht, wie viel schlanker ich bin als ihr! Bot man mir Essen an, lehnte ich mit der Begründung ab, ich hätte zugenommen und sei momentan auf Diät, um meine fetten Oberschenkel loszuwerden. Jeder in Hörweite verdrehte die Augen und seufzte. Ich war zu einem jener widerlichen bleistiftdürren Geschöpfe geworden, die ständig lauthals klagten, wie dick sie seien, nur um das Gegenteil bestätigt zu bekommen.

Vor dem Schulabschluss vollführte ich essensmäßig einen echten Balanceakt – glich Hotdogs mit gestifteten Karotten aus und Eiscreme mit trockenem Zwieback, immer auf der Hut, nur ja nicht von dem dünnen Seil in den fetten Abgrund zu stürzen. Männer begehrten mich, Frauen beneideten mich, aber ich hasste meinen unkontrollierbaren Körper, meine hemmungslose Fresssucht und mich selbst. Sechsundvierzig, siebenundvierzig, neunundvierzig ... Die ganze Hungerei mündete unweigerlich in eine neuerliche Fressorgie. Und je mehr ich mich kasteite, desto schlimmer die Anfälle von Fresswut, die mich unweigerlich überkamen.

Nach dem Schulabschluss arbeitete ich als Bedienung in einem Nobelhotel und servierte Ehrgeizlingen Wachteln und Pudding. Ich freundete mich mit dem Chefkonditor an. Jeden Abend nach Küchenschluss musste der Dessertwagen in die Hotelkonditorei gebracht werden, die eine Etage höher lag. Manch eine Minute wurde im Servicelift verbracht, wenn ich den Aufzug zwischen den Stockwerken anhielt und mir von allen drei Etagen des Dessertwagens wahllos den Bauch voll stopfte. Dann wischte ich mir hastig Schlagrahm, Vanillecreme und Brösel vom Mund und schob betont lässig einen um einiges leichteren Wagen in die Hotelkonditorei. Das Ganze dauerte nie lang, und es fiel nie jemandem auf.

Meine erste richtige Arbeitsstelle nach der Schule war ein Job als Bürogehilfin in einer Werbeagentur. In meinen Verantwortungsbereich fiel auch die Portokasse. Ich hatte die Verfügungsgewalt über den einzigen Schlüssel zu der kleinen Metallkassette, die in einer Schublade aufbewahrt wurde. Überkam mich eine Fressattacke, dachte ich mir überhaupt nichts dabei, meinen Hunger mit Mitteln aus dieser überaus handlichen Quelle zu stillen. Um den Fehlbetrag am Monatsende auszugleichen, legte ich passende Quittungen, die ich aus meiner Mutter ihrem Geldbeutel entwendet hatte, in die Schatulle.

Überkam mich die Fresswut am Wochenende und ich war pleite, konnte ich immer noch einen Besuch in der Süßwarenabteilung von Woolworth einlegen und scheinbar gelangweilt Pralinenschachteln, Schokosnacks und Keksdosen öffnen. Zurück blieben jede Menge leere Packungen, wenn ich den Laden wieder verließ – mit leeren Händen, aber vollem Bauch und ohne einen Cent zu bezahlen.

Die Diebstähle – oder lief es unter Mundraub? –, zu denen meine Fresswut mich zwang, waren nicht gerade geeignet, mein Selbstwertgefühl zu steigern. War der Anfall von Gier vorüber, hasste ich mich nicht nur meiner Oberschenkel und meiner offensichtlichen Charakterschwäche wegen, sondern auch wegen der Missachtung aller Anstandsregeln, die meine Erziehung mir eingebleut hatte.

Im zweiten Jahr nach dem Schulabschluss arbeitete ich für zwei Designer, die zur ersten Garde der australischen Prêt-à-porter-Modeschöpfer zählten. Ich bekam eine verantwortungsvolle Position im Verkauf. Noch trug ich Konfektionsgröße 36 und entsprechend stolz die neuesten Kreationen der Designer zur Schau. In den ersten paar Monaten schaffte ich einen wahren Umsatzrekord und strich entsprechend Provision ein. Die Abende nach der Arbeit wurden mit Tequila-Orgien in meiner Stammkneipe verbracht, wo ich unter den Fashionfreaks eine gewisse Berühmtheit erlangte. Doch wie nicht anders zu erwarten, wurde mir auch dieses Leben bald langweilig. Wegwerfklamotten an die geldige Jugend Sydneys zu verscherbeln, ließ mich intellektuell unbefriedigt. Da halfen auch die Gourmet-Cafés nichts, die gleich um die Ecke lagen und in denen ich bald namentlich bekannt war.

Baguettebrötchen mit Wiener Schnitzel, Mayonnaise, Avocado, Schweizer Käse und einer Tomatenscheibe wurden das Highlight meiner Tage. Bereits auf dem Weg zur Arbeit träumte ich von dem saftigen zarten Kalbfleisch mit der leckeren Panade. Mittags stopfte ich es mir dann endlich in den Mund und spülte es mit Schokolade, Salz- und Käsegebäck hinunter. In meiner unersättlichen Fresslust kannte ich keine Grenzen, und oft versuchte ich das Gegessene abends wieder hochzuwürgen, lange nachdem sich das Fett an meinen Oberschenkeln abgelagert hatte.

Wie nicht anders zu erwarten, folgte diesen Fressexzessen eine langsame, aber stete Gewichtszunahme. Aus Kleidergröße 36 wurde unweigerlich 38, aus Größe 38 bald Größe 40. Die Kollektion meiner trendsetzenden Arbeitgeber endete natürlich bei Konfektionsgröße 40 (die australische Durchschnittsfrau trägt Größe 42!). Zwar gab es noch einiges in dem Laden, was mir passte, aber die Auswahl wurde aufgrund meiner fortgesetzten Fressorgien immer begrenzter. Meine Verkaufszahlen stimmten, aber das Ganze ödete mich an.

Eines Tages sprach mich eine meiner Vorgesetzten auf meine Gewichtszunahme an. Ganz ohne Zweifel hatte sie das Gefühl, mein Körper sei ihr Eigentum, und aus dieser Einstellung heraus eröffnete sie mir klipp und klar, wenn ich den Job behalten wolle, müsse ich abnehmen. »Das Markenimage, Sie wissen schon.« Auf ihre Art stellte sie mir ein Ultimatum – und ich rebellierte. Entsetzt darüber, dass sie meine Schwäche durchschaut und die Folgen zur Sprache gebracht hatte, reichte ich meine Kündigung ein. Nie wäre ich auf den Gedanken gekommen vorzuschlagen, sie sollten doch größere Größen fertigen, aber andererseits hätten sie darauf ja auch selbst kommen können. Ich ließ meinen Fress- und Sauforgien freien Lauf. Die ganze Welt kann mich mal, dachte ich und versteckte mich hinter meinem Fett vor eben dieser ganzen Welt.

Die ersten zwei Jahre nach der Schule gelang es mir, meine Fressanfälle vor meinen verschiedenen Arbeitgebern zu verheimlichen. Die Wochenenden verbrachte ich, mariniert in Wodka, in fremden Betten, um nach meiner Heimkehr den elterlichen Kühlschrank zu plündern. Mein verzweifelter Kampf, als Kind in einer Erwachsenenwelt zurechtzukommen, führte mich in die Schlafzimmer von Jungen, die mir versprachen, mich zumindest für eine Nacht zu lieben. Ich weigerte mich, meinen Körper anzuschauen, und gab ihn ein ums andere Mal hin. Wenn Essen nicht half, ein One-Night-Stand half immer, zumindest für ein paar Stunden. Bitte nimm meinen Körper, betete ich stumm, wenn er zum Höhepunkt kam. Bitte befreie mich von ihm. Auf dem Heimweg im Taxi dann schniefte ich leise und ließ den Fahrer das nächste Fast-Food-Restaurant ansteuern.

Ich hasste meinen Körper, weil er mich im Stich gelassen hatte. Ihm hatte ich das erniedrigende Erlebnis im Ballettunterricht zu verdanken, er hatte meinen ersten Freund vertrieben und mich jetzt auch noch meinen Job gekostet. Jedes Mädchen wird irgendwann von seinem ersten Freund abserviert, wir alle fühlen uns irgendwann erniedrigt, ohne etwas dagegen unternehmen zu können, und im zweiten Jahr nach der Schule einen Job zu verlieren, ist weiß Gott keine große Tragödie. Aber ich war von Pubertätszeiten an derart daran gewöhnt, meinem Körper die Schuld an allem zu geben, dass es mir zur zweiten Natur geworden war, alles, was schief lief, auf ihn zu schieben.

Meine Welt brach zusammen, als mich mein Schulhof-Märchenprinz nicht errettete, und ich war überzeugt, wäre ich nur dünn genug, würde er es tun. Ich nahm ab, doch niemand rettete mich, auch nicht nach der Schule, als ich meine Hoffnungen auf ältere Knaben setzte. Fett, Essen und Liebe waren derart ineinander verwoben, dass ich alles durcheinanderbrachte und glaubte, ich könne die Liebe kontrollieren, indem ich mein Gewicht und meine Figur kontrollierte.

Ich hatte angefangen, Sex mit Liebe und Essen mit Sex zu verwechseln. Mein Körper konnte mich mit Sex versorgen, wenn ich Liebe wollte, und die Leere am Morgen danach füllte ich mit Essen. Bekam ich weder Sex noch Liebe, hatte ich immer noch die Möglichkeit, mich mit einer Familienpackung Cadbury zu trösten. Meine sehnigen Schenkel waren stets angespannt, immer bereit, sich auf das erste männliche Wesen zu stürzen, das meinen Weg kreuzte. War ich schlank, konnte ich ihm problemlos den Laufpass geben (an Ersatz herrschte schließlich kein Mangel), aber wenn ich gerade eine fette Phase durchmachte, klammerte ich mich an ihn, aus Angst, er könnte mich verlassen.

Ich erwartete nicht von allen, dass sie anriefen, wenn sie es versprachen, obwohl ich es insgeheim natürlich hoffte. Nicht wenige Male ging ich extreme Risiken ein und vertraute vollkommen Fremden. Das geschah allerdings nur, wenn ich dünn war. In fetten Zeiten wagte ich mich, aus Angst zurückgewiesen zu werden, oft gar nicht erst aufs Spielfeld. Jeder mag die lustige Dicke, solange sie nicht mit einem schlafen will. Ich benutzte Sex als eine Art Erbrechensersatz – erst ließ ich mich an der Bar mit Alkohol voll laufen, und dann arbeitete ich ihn im Schlafzimmer mit Sex ab.

Ein Teil von mir glaubte, der richtige Mann könne mich vor meinem Körper und damit vor mir selbst retten. Um diesen Märchenprinzen zu finden, musste ich jedoch Thindarella werden. Aber als ich Thindarella war, tauchte noch immer kein Märchenprinz auf. Ich war neunzehn Jahre alt und weigerte mich rigoros, meinen weiblichen Körper anzunehmen. Daumenlutschend ertränkte ich meinen Frust und soff mich zu bis zur Besinnungslosigkeit.

So begann der Teufelskreis des Selbsthasses: Ich hasse mich für meine One-Night-Stands, ich benutze Sex, um den Hass loszuwerden, ich hasse mich für meine One-Night-Stands. Ich hasse mich für meine Fresssucht, ich fresse, um den Hass loszuwerden, ich hasse mich für meine Fresssucht. One-Night-Stands wechselten mit Einkaufsorgien, Einkaufsorgien mit Fressorgien, Fress- mit Trinkorgien – ein Teufelskreis, aus dem es scheinbar kein Entrinnen gab. Ich gab meinem Körper die Schuld an den One-Night-Stands, denn ohne ihn hätte ich keinen Sex bekommen. Ich gab meinem Hunger die Schuld an meinen Fressanfällen, denn ohne ihn würde ich nichts essen. Ich gab meiner Kreditkarte die Schuld an meiner Einkaufswut, denn ohne sie würde ich nichts kaufen können. Ich gab meinem Körper die Schuld an meinem Alkoholkonsum, denn ohne ihn würde mir niemand jede Menge Drinks spendieren.

Ich wohnte immer noch zu Hause bei meinen Eltern und verbarg meinen zerstörerischen Lebenswandel vor ihnen. Unter meinem Bett türmten sich leere Abführmittelflaschen, Pralinenschachteln und Streichholzheftchen aus den verschiedensten Nachtclubs. Meine Mutter war klug genug, mein Zimmer nicht zu betreten. Und weil ich ein eigenes Badezimmer hatte, bekamen meine Eltern weder meine mitternächtliche Kotzerei noch meine Abführexzesse mit.

War ich schlank, fühlte ich mich verantwortlich für die Annäherungsversuche der Männer. Schließlich war es meine Figur, die ihre Lust weckte. Wie konnte ich Nein sagen, wo es doch mein Körper war, der mich überhaupt erst in diese Lage gebracht hatte. Ich fühlte mich verpflichtet, Interesse zu zeigen. Und um nicht als »falsches Luder« die Runde zu machen, benahm ich mich lieber wie ein Flittchen.

Am Anfang jeder neuen Beziehung versuchte ich, die Verantwortung für meinen Körper abzuschieben. Hier, kümmere du dich darum. Ich wollte ihn nicht. Ich täuschte Orgasmen vor, in der Hoffnung, das Ganze möglichst rasch hinter mich zu bringen, damit ich mich nicht weiter mit meinem Körper befassen oder die Verantwortung für Handlungen übernehmen musste, die eigentlich Erwachsenen vorbehalten sein sollten. Mein Körper war böse (so wenigstens dachte ich), und er würde letztlich meinen endgültigen Niedergang herbeiführen.

Ein Pfund Fleisch

Eines Nachts wurde ich in Sydney vergewaltigt. Ich war neunzehn.

Alkoholumnebelt tanzte ich in einem Nachtclub am Stadtrand zum Beat von Duran Duran. Meine beste Freundin fuhr an diesem Abend früher heim, ließ mich aber mit bestem Gewissen zurück, in der Annahme, ein langjähriger Freund ihrer Familie werde sich um mich kümmern. Er zahlte mir meine Drinks und sagte, er werde dafür sorgen, dass ich sicher nach Hause käme. Wie nett von ihm, dachte ich.

Zwei Stunden später schlug er vor, noch auf einer privaten Party vorbeizuschauen, zu der er eingeladen war. Das klang gut, und ich fand auch nichts dabei, dass wir vorher noch bei ihm zu Hause vorbeifahren sollten, um eine Flasche Champagner zu holen. Das klang nach Spaß. Weniger spaßig fand ich es, als er, dort angekommen, die Haustür hinter uns absperrte. Und als er mich an den Haaren packte und mir ins Ohr flüsterte, wir würden jetzt miteinander schlafen, stieg die blanke Panik in mir hoch. Ich weigerte mich und wollte gehen, was wiederum er überhaupt nicht spaßig fand. Er zeigte mir seine Waffensammlung, und ich bekam kalte Füße. Dann drängte er mich nach draußen zu meinem Auto, wo er mich zwang, es ihm mit dem Mund zu machen, bevor er mich auf der Kühlerhaube vergewaltigte.

Ich ließ meinen Körper im Haus bei der Waffensammlung. Ich schwebte über den zwei Leibern auf der Motorhaube. Das kann doch nicht wahr sein, dachte ich, das ist doch nicht möglich. Die blauen Flecken auf meinem Rücken belehrten mich eines Besseren.

Mittendrin ließ er plötzlich von mir ab, als ich das Machtspiel umdrehte und ihm meinen Körper offen darbot. »Was möchtest du denn, dass ich jetzt tue?«, fragte ich, und er verlor augenblicklich seine Erektion und jegliches Interesse an mir. In diesem lebensrettenden Moment war ich in seinen Augen zu einem willigen Mitspieler geworden, und der Reiz des Widerstands war dahin. Ich fuhr nach Hause, während die Sonne zu einem neuen Tag rosenrot über dem Horizont aufstieg, und ließ mich selbst zurück.

Ich war überzeugt, es sei zurecht geschehen. Ich glaubte, es nicht anders verdient zu haben, weil ich dünn war. Wäre ich fett und unattraktiv gewesen, hätte er mich keines Blickes gewürdigt und es wäre nie passiert. Am liebsten hätte ich mir das Fleisch mit einem scharfen Messer von den Knochen geschnitten. Stattdessen begann ich, vor Furcht und Selbstverachtung wie gelähmt, zu fressen.

Instinktiv wusste ich, dass ich den Vorfall nicht melden konnte. Bei einer Blutuntersuchung käme mein nicht unbeträchtlicher Alkoholkonsum zum Vorschein. Und meine Striemen und blauen Flecken würden vor Gericht verblassen, sollten meine zahlreichen One-Night-Stands ans Tageslicht kommen. War ich nicht tatsächlich zu einem willigen Mittäter geworden, als ich mich ihm von Panik getrieben in letzter Not anbot? Diesen lebensrettenden Instinkt hätte ein gewiefter Anwalt zu meinen Ungunsten auslegen und mich als Nutte hinstellen können.

Zwei Wochen nach der Vergewaltigung traf ich in einem Nachtclub denselben Mann wieder. Ich griff ihn nicht an. Ich lief nicht fort. Ich schrie nicht, und ich weinte auch nicht. Ich redete mit ihm, als sei überhaupt nichts vorgefallen.

Er bot mir Drogen an, Quaaludes, sagte er. Die nächsten acht Stunden fehlen mir. Ich erinnere mich nicht daran, was anschließend passierte. Er hatte mir Rohypnol gegeben. Dieses Mal vergewaltigte er mich nicht. Ich war mit einer Freundin gekommen, die mich vor meiner Selbstzerstörungswut bewahrte und mich auf ein Sofa verfrachtete, auf dem ich meinen Drogenrausch ausschlafen konnte.

Es war mir so in Fleisch und Blut übergegangen, meinen Körper wegzuwerfen, dass ich, wenn ein Mann ihn wider meinen Willen nahm, danach nicht nur nichts unternahm, sondern mich sogar willig ein zweites Mal anbot. Ich war so verzweifelt, den Körper loszuwerden, der mir immer im Wege war, dass ich Drogen von einem Mann annahm, der mich vierzehn Tage zuvor vergewaltigt hatte. Ich war so überzeugt, das, was passiert war, selbst heraufbeschworen zu haben, dass ich mir mehr Gedanken darüber machte, was er von mir hielt, als darüber, was ich selbst fühlte.

Die Vergewaltigung machte mich hilflos, sprachlos. Ich erzählte nur einer einzigen Freundin davon und zeigte ihr die tief blauen Flecken entlang meines Rückgrats. Sie riet mir, darüber zu schweigen. Mehr brauchte es nicht. Ich hatte mich an jenem Abend selbst zum Schweigen verurteilt und seitdem nie wieder den Mund aufgemacht.

Hatte ich schon vor der Vergewaltigung beschlossen, ein Kind zu bleiben, nahm mein kindliches, unverantwortliches Verhalten danach vollends überhand. Mein dünnes Ich blieb zurück, während ich Schnitzel, Avocados, Schokolade und Kuchen spachtelte. Voller Abscheu und Widerwillen betrachtete ich meinen Körper und stopfte ihn mit allem voll, was mir unterkam. Mein selbstzerstörerisches Verhalten äußerte sich zudem darin, dass ich ohne jedes Maß und Ziel Geld ausgab, mich regelmäßig bis zur Besinnungslosigkeit betrank, von Fremden angebotenes Kokain schnupfte und in diesem Zustand auch noch Auto fuhr.

Die Weigerung, meinen Körper als den einer erwachsenen Frau anzunehmen, der Wunsch, immer ein (magersüchtiges) Kind zu bleiben, die Unfähigkeit, Männern, die mich ausnutzen wollten, Einhalt zu gebieten, und der Missbrauch meines Körpers durch einen anderen Menschen hinterließen Spuren. Wenn ich nicht aufhörte, mich wie ein Kind zu benehmen, würde ich ein Opfer von Kindsmissbrauch werden – und zwar von eigener Hand. Meine Bulimie wurde schlimmer und Abführmittelmissbrauch ein fester Bestandteil meines Lebens.

Nach dem traumatischen Erlebnis auf der Kühlerhaube meines Autos blieb ich noch viele Jahre lang Kind. Ich jonglierte mit One- Night-Stands, Fressorgien mit anschließendem Erbrechen und exzessivem Fitnesstraining, häufte einen schier unglaublichen Schuldenberg an – und schloss vor allen eventuellen Konsequenzen die Augen.

Mit einundzwanzig bestand ich die Aufnahmeprüfung für die Schauspielschule. Mein Traum war in Erfüllung gegangen: drei Jahre Vollzeitausbildung zur Schauspielerin. Nur wusste ich jetzt nichts mehr damit anzufangen. Ich hatte einen Horror davor, im Tanztraining meine Oberschenkel zeigen zu müssen, und panische Angst, die Lehrer würden mein »Spiel«

durchschauen und mich genauso verachten wie ich selbst. So schrieb ich an die Schule und lehnte dankend ab.

London erschien mir als die Lösung für all meine Probleme. Wenn ich nur schnell und weit genug fortreiste, könnte ich die Vergewaltigung und meinen Körper zurücklassen. Dieses neue Projekt, mein Leben durch einen Ortswechsel zum Besseren zu wenden, ging ich mit demselben Enthusiasmus an wie meine zahllosen Diäten – ich war überzeugt, ein Umzug würde alles ändern! Vor mir entfaltete sich ein glamouröses Leben voller exotischer Schauplätze, lächelnder Gesichter, romantischer Liebe und Espressi auf der Piazza. Heimweh, Mangel an Finanzmitteln und gestohlenes Gepäck kamen in meiner Kalkulation nicht vor.

In England würde ich die Möglichkeit haben, ein neues Leben zu beginnen. Ich konnte alles werden, was ich wolle, – niemand kannte mich dort. Ich wollte zunächst ein Jahr bleiben, hielt es aber durchaus für denkbar, nie wieder zurückzukommen. Deshalb beseitigte ich die leeren Schachteln unter meinem Bett, kaufte mein Flugticket und bereitete mich auf die Überseereise vor. Ich machte mir und anderen vor, immer noch meinem Traum nachzujagen, bewarb mich für einen vierwöchigen Schauspiellehrgang in London und wurde angenommen.

Für Notfälle ließ mein Vater mir eine Visakarte ausstellen, abbuchbar von seinem Konto. Er füllte das Antragsformular aus und legte es mir zum Unterschreiben hin. Als Kreditlimit hatte er 4000 Dollar angegeben. Mit dieser, nach meinem Dafürhalten allzu mageren Summe unzufrieden, stockte ich den Betrag um weitere 2000 Dollar auf, bevor ich den Antrag abschickte. Jetzt stand mir die ganze Welt offen. Was brauchte ich mehr als ein Ticket nach Übersee und eine Kreditkarte, um all die rosaroten Postkartenträume Wirklichkeit werden zu lassen?

In England angekommen, erfand ich tagtäglich neue »Notfälle« und bezahlte mit der Karte Klamotten, Bücher, Schallplatten und noble Abendessen. Heimweh? Geh einkaufen! Auf dem Höhepunkt meiner Einkaufs- und Fresswut lebte ich in einer kleinen Londoner Sozialwohnung und speiste, Dad sei Dank, in den besten Restaurants. Das 6000-Dollar-Limit meiner Kreditkarte war rasch erreicht und überschritten, schon binnen weniger Monate fast verdreifacht. Nichts und niemand würde mich aufhalten – keine Bank, kein Vater, keine Arbeit. Ich aß und ging einkaufen, aß und ging einkaufen, aß und ging einkaufen – und nahm zu. Als meine Visakarte nicht mehr akzeptiert wurde, wechselte ich zu American Express – eine Versuchung ohne jedes Limit.

Irgendwann ließen meine Eltern meine Karten sperren. Um meine Wut abzureagieren, frass ich zwei Wochen lang ohne Unterlass. Pfund um Pfund setzte sich auf meinem schon zuvor längst nicht mehr schlankem Körper an. Ich trug jetzt Konfektionsgröße 44 und stapelte – Ihr könnt mich mal! – Kuchen, Chips und Müsliriegel in meinen Einkaufswagen. Dass ich damit weniger meinen Eltern eins auswischte als mir selbst, war eine Tatsache, die ich sehr erfolgreich verdrängte.

Mein exzessives London-Ich, das mein exzessives Sydney-Ich abgelöst hatte, hinter mir lassend, bereiste ich Europa. Unterwegs würde ich einen neuen Versuch unternehmen, ein neues Leben anzufangen – und zwar auf die einzige Art und Weise, die ich kannte: mittels einer Hungerkur.

Ein Jahr nach meiner Abreise aus Sydney hatte ich mich durch halb Europa und Kanada gehungert und kehrte mit der

Hälfte des Körpervolumens nach London zurück, mit dem ich Australien verlassen hatte. Doch ich war noch immer nicht bereit, zu jenem alten Ich zurückzukehren, das ich zutiefst verabscheute. Noch immer wartete ich auf das aufregende Leben, das mich in England erwartete. Ich ließ mir mein Rückflugticket ausbezahlen und suchte mir einen Job in einem Restaurant, wo mir der Mitarbeiterstatus vierundzwanzig Stunden am Tag kostenlosen Zugang zu Fleisch- und Puddingtöpfen versprach. Abführmittel und Fitnesstraining sorgten dafür, dass meine Fressorgien auch körperlich unentdeckt blieben.

Zu dieser Zeit lernte ich Sebastian kennen. Einen feinen englischen Pinkel der Hugh-Grant-Sorte. Den charmanten Sebastian mit einer Stadtwohnung von Daddy und einem vornehmen Landsitz – Erbe eines riesigen Vermögens. Verführt von seiner sanften Stimme, seinen Millionärsmanieren und einem Dutzend roter Rosen, erklärte ich mich einverstanden, zunächst gegen fünfzig Pfund wöchentlich als Untermieterin bei ihm einzuziehen und (nicht viel) später für keinerlei Gegenleistung sein Bett zu teilen.

Uns verband eine echte Hassliebe. Der gemeinsame Nenner war, dass wir beide uns selbst hassten. Mein Selbsthass äußerte sich in frühmorgendlichen Fressgelagen und spätabendlichen Abführorgien; seiner in ganztägiger Sauferei. Ich glaubte, er könne mich von meiner Bulimie heilen, von meiner zwanghaften Einkaufswut und der Erinnerung an eine Vergewaltigung. Doch das Zusammensein mit ihm reichte nicht aus, mich daran zu hindern, mich dreimal täglich in die Toilette zu entleeren.

Es war nicht schwer, Sebastian meine Bulimie zu verheimlichen. Wenn er morgens zur Arbeit ging, lief ich zum Lebensmittelgeschäft um die Ecke und deckte mich mit

Gebäck und Kuchen ein. Schluckte ich die Abführmittel unmittelbar im Anschluss an die Fressorgie, wirkten sie eine Stunde bevor er aus dem Büro heimkam. Bei seiner Rückkehr gaben wir uns praktisch die Klinke in die Hand, da ich die Nachtschicht in einem Restaurant hatte, was ihm die Möglichkeit bot, hemmungslos dem Alkohol zu frönen. Wir gaben ein Paradebeispiel selbstzerstörerischen Verhaltens ab. Sofern er überhaupt von meinen Essstörungen wusste, äußerte er sich niemals dazu, und auch ich hütete wohlweislich meine Zunge hinsichtlich seiner alkoholbedingten Stimmungsschwankungen: Wenn du mich nicht auf meinen Alkoholismus ansprichst, erwähne ich deine Bulimie nicht.

Machte er mich im Suff verbal nieder, zuckte ich nicht mit der Wimper. Schließlich sprach er nur laut aus, was ich ohnehin wusste und mir jeden Tag selbst sagte. Sperrte er mich aus der Wohnung aus, dann verdiente ich das; schließlich hätte ich mich selbst auch am liebsten ausgesperrt. Als er mich bat, in Twinset und Perlenkette zu erscheinen, wurde mir klar, dass er etwas aus mir machen wollte, was ich nicht war, und ich war ihm insgeheim dankbar dafür, dass er um meine Nichtswürdigkeit wusste und auch mich darauf aufmerksam machte.

Ich hatte alles, was frau sich nur ersehnt: eine Wohnung in London mit einem wohlerzogenen Millionär, Wochenendausflüge zu Krocketspielen aufs Land und unter der Woche Dinner in Londoner Nobelrestaurants. Er versprach mich zu heiraten und stellte mich seinen Eltern vor, aber das alles reichte nicht aus, mich davon abzuhalten, Geld, das ich nicht hatte, für Kleider und Nahrungsmittel auszugeben, die ich nie trug respektive immer aß. Ich wurde von ihm schwanger, und er sagte, er freue sich auf das Baby, aber auch das hinderte

weder mich noch ihn daran, jeden Samstagabend auf Sauftour zu gehen. Ich war ein Kind, keine Frau, und ein Kind
sollte schließlich nicht selbst Kinder in die Welt setzen, deshalb ließ ich es ohne Reue abtreiben.

Als wir fünfzehn Monate zusammen waren und er eine
andere Frau in sein Bett holte, stellte ich das Essen ein. Ich
war wieder in der Schule, wieder siebzehn, verlassen von dem
Mann, dem ich meine Unschuld geschenkt hatte. Mein Körper hatte auch diesem nicht genügt, deshalb bestrafte ich
mich mit Hungern. Wenn mein Hintern kleiner ist, wird er
mich wieder wollen; wenn ich einen flachen Bauch habe, wird
er mich wieder brauchen; wenn meine Oberarme straff sind,
wird er mich heiraten; wenn er mich heiratet, bin ich gerettet.
Ich kehrte zu meinem magersüchtigen Verhalten zurück, weigerte mich, Nahrung aufzunehmen, und trat in einen Fitnessclub ein. Die Pfunde purzelten.

Als er vier Wochen nach unserer Trennung bei mir in der
Arbeit auftauchte, glaubte ich, er sei zur Besinnung gekommen
und wolle mich zurückzuholen. Stattdessen erzählte er mir, er
habe sich mit seiner Schickse verlobt, und lud mich zu seiner
Hochzeit ein – irgendwann im Gespräch fiel sogar der Vor-
schlag, ich solle die Bewirtung der Gäste überwachen! Ich
brauchte drei Tage, um diese Neuigkeit zu verdauen, dann rief
ich ihn an und bat ihn um ein Treffen in einem Pub, um mir
die Post abzuholen, die an seine Adresse geschickt worden war.
Als ich das Lokal betrat, saß er mit seiner Verlobten da.

In diesem Augenblick stellte ich mir vor, wie ich seiner Dul-
cinea ein Glas Bier ins Gesicht und ihm ein Glas kaltes Wasser
über die Hose kippe und lauthals vor allen Gästen verkünde,
er hätte mir Filzläuse und Syphilis angehängt. Stattdessen

rang ich mir ein süßliches Lächeln ab und ließ mich von ihnen auf ein Gin Tonic einladen. Zwei Drinks später war ich überredet, mit beiden zu Abend essen – mit dem Mann, der mir das Herz gebrochen, und der Frau, die ihn mir gestohlen hatte. Vor lauter Angst, sie könnten mich nicht mögen, sagte ich zu allem Ja und Amen. Genauso wie damals mit neunzehn verhielt ich mich gegenüber dem Mann, der mich schlecht behandelt hatte, so, als sei nichts geschehen. Hinterher hasste ich mich selbst und versuchte, zumindest ein Quäntchen Würde zu bewahren, indem ich mitten während des Essens aufstand und seiner Verlobten sagte, sie sei eine Närrin – nur leider war ich es und nicht sie, die dabei rot anlief.

Ich war in London, sitzen gelassen von meinem Freund, und lebte in der Hölle. Mein Körper war schlank, und zweimal tägliches Workout im Fitnessstudio sorgte dafür, dass er es blieb. Ich arbeitete wieder als Bedienung, diesmal in einem der besten Restaurants der Stadt. Mein löblicher Vorsatz, nie wieder einer Fressorgie anheim zu fallen, löste sich in Luft auf, sobald ich meinen Dienst an- und die Küche betrat. Mein Heißhunger auf Süßes wurde angesichts der Dessertvitrine tagtäglich auf eine harte Probe gestellt. Ich verbrachte einen Teil meiner Arbeitszeit damit, getürkte Bestellungen für nicht besetzte Tische aufzunehmen (die selbstverständlich nie zur Kasse gelangten), und hortete die georderten Schokoladenbaisers, Dattelmousses, Tiramisus und Zitronentörtchen zu Dutzenden in einem Schrank in der Brotecke, wo ich meine Beute, den Rücken zum Restaurant und somit vor neugierigen Blicken geschützt, während des Brotschneidens verschlang. Kein Wunder, dass er mich verlassen hatte, der Mistkerl; ich hasse ihn, ich hasse mich, ich bin ein fettes Schwein.

Eines Tages hing zwischen mir und dem Tiramisu ein dickes Vorhängeschloss. Ich hatte geglaubt, die Dessertvitrine sei mein süßes Geheimnis. Sie barg mehr als verführerische Obsttörtchen, sündhafte Toffeepuddings, Crème caramel und einfach unwiderstehliche Schokoladenmousse: Sie barg meinen Lebensinhalt. Ich war durchschaut, überführt, ertappt; die Kalorienpolizei hatte zugeschlagen und die Beweisstücke weggeschlossen. Die blanke Panik stieg in mir auf. Ich war überzeugt gewesen, dass mein Hang zu Süßem in einem Restaurant mit über 200 Gästen pro Abend und einer hektisch betriebsamen Küche unbemerkt bleiben würde. Was ist, unter Freunden, schon ein Stück Schokoladentorte, oder lassen wir es fünf sein? Blieb nur zu hoffen, dass niemand meine Fingerabdrücke von der Crème caramel genommen und mein Gebiss mit den Spuren auf den Zitronentörtchen verglichen hatte.

Unverzagt – und gierig! – fand ich bald heraus, wo der Schlüssel versteckt lag, und wartete mit meinen Beutezügen künftig, bis das Restaurant schloss. Davon unabhängig patrouillierte ich zwischen den Tischen, immer Ausschau haltend nach nur halb verzehrten Desserts. Kaum legte jemand seine Gabel beiseite oder machte Anstalten, den Teller mit der beendeten (aber nur halb aufgegessenen) Nachspeise zur Seite zu schieben, stürzte ich hinzu und räumte den Tisch ab, bevor der Gast es sich möglicherweise noch anders überlegte und vielleicht doch noch einen Bissen aß. Dann nahm ich schnurstracks Kurs auf die Brotecke, wo ich die halbe Mousse auf einen bereitgestellten Teller schob, bevor ich das Geschirr in die Küche brachte, um auf einen raschen Kalorienschuss in die Brotecke zurückzukehren.

Arbeitete ich tagsüber, galt mein Augenmerk ganz und gar den Körbchen mit Croissants und Plundergebäck, die die Frühstücksgäste übrig gelassen hatten. Ich zählte die Minuten bis zum offiziellen Ende der Frühstückszeit, wenn ich das Körbchen in den Aufenthaltsraum entführen und mir dort zwei, drei, vier Teilchen gleichzeitig in dem Mund schieben konnte. Den Rest meiner Arbeitszeit brachte ich dann damit zu, über meine massigen Oberarme und meinen enormen Hintern zu lamentieren.

Blieben keine Croissants übrig, zog ich meine Kreise erneut um den Dessertvitrine und verlustierte mich an Kalbsleber und Schnitzelresten von den Tellern der Mittagsgäste. Ich kam mir vor wie ein streunender Hund, ein halb verhungerter Straßenköter, der die Mülltonnen der Seitengassen nach Abfällen durchstöbert, um etwas zwischen die Zähne zu kriegen. Ich verschwendete keinen Gedanken an Hygiene, und meine Selbstachtung war längst die Toilette hinuntergespült.

Wie viele Fresssüchtige dir bestätigen werden, ziehen uns Berufe, die mit Nahrungsmitteln zu tun haben, magisch an. Ich arbeitete jahrelang als Bedienung in allen möglichen und unmöglichen Lokalen und kompensierte meine überschüssige Kalorienzufuhr durch stundenlanges Krafttraining und eine enge Beziehung mit meinem neuen Lebensgefährten – Senokot-Abführtabletten.

Niemand würde mir glauben, würde ich behaupten, ich hätte nicht gewusst, was mit mir los war. Ich wusste, dass ich an Bulimie litt, die Presse war nicht umsonst voll von Berichten über Prinzessin Diana, als dass ich nicht hätte merken müssen, dass wir dieselbe krankhafte Vorliebe für Fressorgien und Toilettenräume hatten. Es musste Bulimie sein. Welcher normale

Mensch würde die eine Hälfte seines Einkommens für Lebens- und die andere für Abführmittel ausgeben? Aber etwas zu wissen und es zuzugeben, waren zwei Paar Stiefel.

Nach der Trennung von Sebastian wurde mein Brustbein wieder sichtbar, was mich mit großem Stolz erfüllte. Ich war zu meinem bulimarexischen Verhaltenskodex zurückgekehrt, und es funktionierte.

Als meine Eltern mich sechs Monate, nachdem Sebastian mir den Laufpass gegeben hatte, in London besuchten, fanden sie eine noch abgemagertere Tochter vor, als sie zuletzt vor zwei Jahren gesehen hatten. Weiß der Himmel, was sie von diesem Fitnessjunkie hielten, der sich heute hinter riesigen Schlabberpullis versteckte und morgen in hautengen Lycra-Hüfthosen durch die Gegend stolzierte.

Eines Abends, es war in einem Restaurant in Soho, eröffnete ich ihnen die Wahrheit. Ich kam ohne Umschweife zur Sache und sagte es: »Mom, Dad, ich bin Bulimikerin.«

Mein Vater starrte mich ungläubig an. Meine Mutter vermied es, mir in die Augen zu schauen, und ließ ihren Blick durch das Lokal wandern. »Glaubst du wirklich, ich hätte das nicht gewusst«, fragte sie. Und dann fand auch mein Vater seine Sprache wieder. »Ich habe geglaubt, du seist stärker.«

Warum hast du mich dann nicht daran gehindert, Mom? Aber wie hätte sie mir helfen können, wo ich ihr doch die Tür vor der Nase zuschlug?

Dad, ich bin stark. Schau mich an, Dad. Ich erzähle euch etwas, was mir verdammt schwer fällt. Es erfordert viel Kraft, so etwas überhaupt einzugestehen, Dad.

Mein Vater nahm die Sache in die Hand. Er ist ein erfolgreicher Geschäftsmann und weiß, wie man auch unangenehme Dinge anpackt. Jetzt, wo ich meinem Problem einen Namen gegeben hatte, konnte er etwas dagegen unternehmen. Er begab sich auf die Suche nach Selbsthilfegruppen, Rehabilitationseinrichtungen und Ärzten, die sich auf Essstörungen spezialisiert hatten. Selbsthilfegruppen, die ich nie kontaktierte, Ärzte und Reha-Zentren, die ich nie konsultierte. Ich hatte mich zu meiner Sucht bekannt, aber ich war noch nicht fähig und bereit, einer lebenslangen Gewohnheit Adieu zu sagen.

Vor ihrer Rückreise nach Australien drückte meine Mutter mich am Flughafen ganz fest.

Nach weiteren drei Monaten rief mich mein Vater in London an und fragte, was ich denn nun zu tun gedächte. Ich entschloss mich, nach Hause zu fahren. Ich buchte ein Rückflugticket, überzeugt, das Problem in ein paar Monaten im Griff zu haben und dann nach London zurückkehren zu können. Sieben Jahre später war ich noch immer nicht wieder dort.

Ich flog also heim nach Australien, eine bulimarexische Endzwanzigerin mit dem Körper einer Zehnjährigen und immer noch gefangen im Teufelskreis des Selbsthasses und der Selbstbestrafung.

Was runter geht, geht auch wieder rauf

Das Problem bei Abführmitteln ist, dass man nicht genau sagen kann, wann das gewünschte Ergebnis eintritt. Es dauert mehrere Stunden, bis sie wirken, aber wenn es dann so weit ist, kann man nur darum beten, sich in nächster Nähe einer Toilette oder wenigstens eines Eimers, einer Mülltonne, einer Sandgrube oder des Windelregals im örtlichen Supermarkt zu befinden.

Eine der bei Bulimikern beliebtesten Alternativen zu Abführmitteln ist Ipecac-Sirup, eine Brechreiz erzeugende Flüssigkeit, die man in Australien rezeptfrei in jeder Apotheke bekommt. Ipecac ist eine ebenso saubere wie wirksame Methode, den Körper von jenen fünf Hamburgern, dreieinhalb Bananen-Milchshakes, zwei tiefgefrorenen Quarkkuchen und der Familienpackung Himbeersahneeis zu befreien, die man in der letzten halben Stunde verdrückt hat. Einfach den klebrigen Saft in einen Teelöffel gießen, tief Luft holen, schlucken und warten.

Fünfzehn Minuten später treibt es dir den Schweiß aus allen Poren, du windest und krümmst dich vor Bauchkrämpfen. Gleich darauf ergießt sich dein gesamter Mageninhalt auf den Tisch oder Teppich vor dir, und du bist wieder nüchtern und bereit für die nächste Fressorgie (nachdem du die ganze Chose aufgewischt hast).

Ich habe mich immer schwer getan, ohne chemische Hilfsmittel zu erbrechen. Finger oder Zahnbürste in den Hals stecken funktionierte irgendwie nicht, ich würgte zwar, aber es kam nichts hoch. Literweise Senfwasser verursachte Sodbrennen und Milch mit Orangensaft arge Übelkeit, aber zum Übergeben reichte es nie.

Dank meines unverwüstlichen Magens fiel es mir leicht, eine solche Menge an Nahrungsmitteln auf einmal in mich hineinzustopfen, dass es ausgereicht hätte, ein kleines afrikanisches Land vor dem Hungertod zu bewahren. Und waren sie erst einmal drin, wo anders hätten sie anlagern sollen als an meinen Oberschenkeln?

Nun kann die Unfähigkeit, sich zu erbrechen, einer Bulimikerin ernsthafte Probleme bereiten.

Für nicht Eingeweihte: Eine Fressorgie ist verbunden mit Heimlichtuerei. Schlägt man sich coram publico den Bauch voll, ist das keine Fressorgie, es ist lediglich Völlerei. Fressorgien finden *immer* allein im stillen Kämmerlein statt. Diese Geheimnistuerei ist ein essenzieller Bestandteil des Teufelskreises. Friss allein, erbrich allein, aber hungere in der Öffentlichkeit. Ich hatte die zerbrechliche Figur eines Vögelchens und aß, wenn ich unter Menschen war, auch wie ein Spatz. Aber sobald die Tür hinter mir ins Schloss fiel, entwickelte ich den Appetit eines Löwen.

Meine Fresswut war immer ein Akt der Selbsterniedrigung, und bisweile wurden auch andere in Mitleidenschaft gezogen. Sich selbst etwas anzutun, ist eine Sache, dabei aber auch anderen Menschen Schaden zuzufügen, eine andere. Meine Fressanfälle bedeuteten manchmal, dass andere Hunger litten, aber das interessierte mich in dem Moment nicht die

Bohne. Ich klaute Sandwiches, ganze Abendessen, Brot und Geld, aber das Stehlen war nicht das Problem. Das Problem war, wo ich mein Diebesgut verzehrte. Ich aß es ganz für mich allein, unter Ausschluss der Öffentlichkeit, häufig voller Angst, entdeckt zu werden. Sollte mein Verhalten auffliegen, würde ich mich zu dem bekennen müssen, was ich tat, und das war viel zu widerwärtig, als dass ich mich damit hätte befassen wollen.

Ich brachte es problemlos fertig, zwei Packungen Baskin-Robbins-Eispralinen innerhalb von zehn Minuten nieder-zumachen und diese Mahlzeit mit einem handgroßen Stück altem Cheddar, einer 500-Gramm-Schachtel Kokos-nussplätzchen, einem ganzen Brathähnchen, drei Stück Zwiebelkuchen und einer tief gefrorenen Sahnetorte zu beschließen.

Dumme Bulimiker gibt es nicht. Die Intelligenz, die dazu nötig ist, sein Verhalten zu verbergen, stellt sicher, dass dumme Bulimiker rasch entlarvt werden. Wer ernsthaft fress-süchtig ist, weiß seine Fressattacken geheim zu halten und die Beschaffung des Suchtmittels gekonnt zu kaschieren. Zwanzig Kilometer bis zum nächsten anonymen Woolworth, wo sich ungestört hemmungslos einkaufen lässt, sind da gar nichts. Als wichtige Utensilien empfehlen sich weiterhin eine dunkle Sonnenbrille, ein Trenchcoat und eine Perücke.

Eine dumme Bulimikerin hinterlässt eine Spur von Verpa-ckungen, frisst, ohne vorher die Haustür doppelt abzuschlie-ßen, und kauft im Supermarkt um die Ecke ein, wo sie mögli-cherweise sogar noch namentlich bekannt ist.

Fressorgien abzuhalten, die diesen Namen verdienen, kann jahrelanges Training erfordern. Ich lernte, mein Auto mit einer Hand zu steuern und gleichzeitig neugierige Blicke anderer Verkehrsteilnehmer abzuwehren, während ich mit der anderen Fastfood auswickelte. Ich wusste, wo sich Verpackungen unauffindbar verstecken lassen, wie man sich ohne Geld Nahrungsmittel verschafft, welche Kuchen sich tiefgefroren verzehren lassen und wie man auf dem Weg zur Arbeit eine Familienpackung Schokoriegel verdrückt, ohne sich den Lippenstift zu ruinieren.

Fresssüchtig zu sein, ist ein anstrengendes Geschäft. Professionelle Zwangsesser brauchen Stehvermögen, Beharrlichkeit und die Fähigkeit, Augen und Ohren offen zu halten, um Freunden, Verwandten und Fremden rechtzeitig auszuweichen. Schließlich weiß man nie, wann der nächste Fressanfall zuschlägt. Manchmal klopft er einem schon morgens beim Aufwachen auf die Schulter, ein andermal wartet er vielleicht bis zum nachmittäglichen Marketingmeeting, bevor er sein ebenso verführerisches wie hässliches Haupt emporhebt. Manch eine Fresssüchtige hat ganze Arbeitstage damit zugebracht, sich eine feierabendliche Fressorgie auszumalen und minutiös zu planen, während sie eigentlich den Finanzplan für das nächste Geschäftsquartal aufstellen sollte.

Fressorgien sind ganz persönliche Rituale, die immer im stillen Kämmerlein stattfinden und bei denen die Kühlschrankbeleuchtung besser aus bleibt. Fällt nämlich Licht auf das Fressverhalten, könnte es passieren, dass die Fresssüchtige mitbekommt, was sie tut, und möglicherweise damit aufhört, und davor möge Gott jede waschechte Bulimikerin bewahren. Also Augen zu und durch! Ich habe meine Aufgabe diesbezüglich stets ernst genommen und dabei bisweilen andere Menschen verletzt und manchmal auch jedwede Selbstachtung zum Teufel geschickt.

Als ich zu Hause bei meinen Eltern wohnte, versteckte ich das Beweismaterial meiner pathologischen Fresssucht unter dem Bett. Ich wartete, bis ich das vertraute Schnarchgeräusch meines Vaters hörte, und begab mich dann in die Küche, um die Vorratsschränke zu plündern. Fehlte am nächsten Morgen zu viel, war es leicht, meinen Schwestern die Schuld zu geben. Wohnte ich mit Freunden oder Kollegen zusammen, bemühte ich mich stets, die in einem Fressanfall verschlungenen Lebensmittel zu ersetzen. War ich pleite und deshalb nicht in der Lage, Nachschub zu besorgen, wies ich mit dem Zeigefinger auf den abwesenden dritten Mitbewohner und klagte lauthals, auch von meinen Vorräten sei die Hälfte verschwunden.

Jede echte Bulimikerin kennt das erniedrigende Gefühl, in einem drei Tage alten T-Shirt voller Schokolade-, Bratensoße-, Zitronentörtchen- und Pestoflecken im Bett zu liegen, umgeben von leer gefressenen Dosen und Schachteln. Man hockt vor dem Kühlschrank, sich mit einemmal des grauenvollen Mangels an Selbstbeherrschung bewusst, und fühlt, entsetzt über die eigene hemmungslose Gier, Schuldgefühle in sich aufsteigen. Ich spürte in solchen Augenblicken förmlich, wie mein Körper innerhalb von Minuten in die Breite ging. Der Speck lagerte sich spürbar an meinen Oberschenkeln ab, und unter meinem Busen bildete sich kalter Schweiß, der das übergroße T-Shirt hinabrann, das ich ausschließlich bei Fressattacken trug.

T-Shirts in Größe XXL, Schlabberpulli, Jogginghose, Baseballmütze und eine dunkle Sonnenbrille dienten mir als Verkleidung, wenn ich für meine Fressorgien einkaufen ging, und dasselbe Outfit behielt ich dann während des Gelages und auch über Nacht zum Schlafen an. Selbst wenn der Fressanfall drei

Tage andauerte, wechselte ich die Kleidung nicht. Schließlich wäre ich sonst gezwungen gewesen, mich anzuschauen, und mein verzerrtes Körperimage hätte dafür gesorgt, dass mir die Fleischmassen auffielen, die, real oder eingebildet, von meinem Hintern, meinen Oberschenkeln und meinem aufgeblähten Bauch herabhingen. Fassungslos über meine mangelnde Entschlusskraft, zog ich alle Vorhänge zu, ging nicht ans Telefon und reagierte auch nicht, wenn es an der Tür klingelte.

Anschließend warf ich packungsweise Abführmittel ein. In dem Versuch, Magen und Darm zu entleeren und meinen Körper von dem ganzen Gift zu befreien, das ich zuvor in ihn hineingestopft hatte, kannte ich genauso wenig Maß und Ziel wie vorher beim Verschlingen der Lebensmittel. Ich sah mich selbst als ein Stück Fleisch, ein widerwärtiges Stück Fleisch, Fett und Knorpel.

Natürlich wollte ich aufhören, hatte die besten Vorsätze, aber ich brachte es nicht über mich, jemandem von meinem abnormen, meinem widerwärtigen Verhalten zu erzählen. Jeder normale Mensch hätte sich mit Sicherheit angeekelt von mir abgewendet. So fuhr ich fort, mir Fressalien in den Mund zu schaufeln – insgeheim in dem Wunsch, entlarvt zu werden, und zugleich entsetzt bei dem Gedanken, dass jemand herausfinden könnte, was ich trieb. Zu diesen Zeiten war ich völlig verzweifelt und von Selbsthass erfüllt. Du hättest mich sehen können, früh um zwei, mit voll gefressenem Bauch, aufgelöst in Tränen, die die letzten Krumen fortschwemmten, und entsetzt über mein eigenes Verhalten.

Um nicht entdeckt zu werden, ließ ich mir ausgefeilte Tricks einfallen. Natürlich war das Risiko, ertappt zu werden, immer da, aber die Gier war einfach größer.

Heute werde ich häufig gefragt, wie ich es anstellte, solche Massen von Lebensmitteln zu kaufen, ohne aufzufallen. Aber ich glaube, ich habe es bereits an anderer Stelle erwähnt: Ein echter Fresssüchtiger findet stets Mittel und Wege.

Im Supermarkt ist ein gut gefüllter Einkaufswagen nichts Besonderes, aber wenn man wie ich eine Vorliebe für Plundergebäck hat und dieses unbedingt aus einer bestimmten Bäckerei in Sydney stammen muss (die anderen machen es einfach nicht so gut), kann es schon problematisch werden, den Tagesbedarf von fünfzig Stück zu decken. Um jeden Verdacht von mir abzulenken, gab ich vor, von dem Bürohaus um die Ecke zu kommen und die Liste mit den Wünschen meiner Arbeitskollegen verloren zu haben. »Ich weiß beim besten Willen nicht mehr, was sie wollte. Packen Sie besser drei Eclairs ein, fünf Florentiner, ja, die großen bitte, und zwei Stücke Biscuitrolle; er mag Obsttörtchen, da nehmen wir von jeder Sorte eines, und zwei Krapfen für den Chef .... « Die imaginäre Kaffeestunde im Büro verschwand schon während der Heimfahrt in meinem Bauch.

Nach vier solchen Besuchen hatte ich Angst, die Verkäuferinnen würde Verdacht schöpfen, und schrieb eine Dummyliste, die ich über die Theke reichte. Erst Jahre später kam mir, dass die besagte Bäckerei mitten in einem Vorort lag, kein Bürokomplex weit und breit. Wäre mir das damals aufgefallen, ich wäre vor Scham im Boden versunken.

In Wahrheit verschwendet die Person, die deinen Mammuteinkauf einpackt, mit allergrößter Wahrscheinlichkeit keinen einzigen Gedanken daran, ob oder wie du die soeben erworbenen Fressalienmassen in einem Aufwasch zu verschlingen gedenkst. Sie ist viel zu beschäftigt damit, über ihr eigenes

Leben nachzudenken und darüber, ob ihr Freund sie wohl heute nach der Arbeit abholen wird oder nicht. Bulimie und Esssucht finden in aller Heimlichkeit statt, doch die Betroffene ist überzeugt, jeder könne sie durchschauen; weil sie sich selbst hasst, meint sie, von allen Menschen gehasst zu werden.

Wild entschlossen, dem Fressanfall ein Ende zu setzen oder ihn wenigstens zu unterbrechen, beseitigte ich manchmal in einem Akt letzter Verzweiflung sämtliche Lebensmittel, die mich in Versuchung führen konnten. Der gesamte Kühlschrankinhalt landete im Mülleimer. Allerdings nahm mein Heißhunger manchmal schon Stunden später wieder derart überhand, dass ich den Abfall durchforstete, das zuvor Entsorgte wieder herausfischte und verschlang.

Irgendwann im Leben erreicht jede Fresssüchtige einen Punkt, an dem sie nicht mehr tiefer sinken kann. Nicht aufgetauten Kuchen aus der Gefriertruhe zu essen, war schlimm, aber noch nicht schlimm genug. Für viele kommt der Moment der totalen Erniedrigung, wenn sie sich dabei ertappen, die am Vorabend in einem Anflug von Trotz weggeworfenen Donuts aus dem Abfalleimer zu fischen, von Zigarettenasche zu säubern und die Reste zu verschlingen. Ich habe von Frauen gehört, die Gläschen mit Babynahrung für ihre Neugeborenen auslöffeln oder in den Schulranzen der Kinder nach Überresten von Pausenbroten suchen.

Mehr als zwanzig Jahre lang war ich fresssüchtig – und immer überzeugt, nie dabei ertappt zu werden. In den Küchen von Sydney und London arbeiteten so viele Menschen, dass ich ehrlich glaubte, keiner würde die fehlenden Desserts mit mir in Verbindung bringen. Die Leute in der Werbeagentur vertrauten mir ihre Portokasse an, und solange die Bilanz am Monatsende stimmte, würden sie nie darauf kommen, was ich mit den Fehlbeträgen anstellte.

In dem Seniorenwohnheim dachte garantiert niemand, dass ein Mensch so tief sinken könnte, den Alten ihre Mahlzeiten zu stehlen. Und das Zentrum für behinderte Kinder würde niemals erfahren, dass ich seinen Namen missbrauchte, sofern mich niemand verpfiff; und alle meine Freundinnen waren viel zu erpicht darauf, auf dem Schulgelände Süßes zu kaufen, als dass sie der Sache weiter nachgegangen wären. Hätte man mich bei irgendeiner dieser Aktivitäten erwischt, ich wäre vor Schreck erstarrt und hätte selbstverständlich alles abgestritten – selbst wenn mir die Essensreste noch zwischen den Zähnen geklebt hätten.

Um diesen Schein wahren zu können, war es nötig, jegliche Verbindung zu Nahrungsmitteln zu leugnen, und nach außen hin lebte ich auch tatsächlich so, als spielten sie für mich überhaupt keine Rolle. Wenn ich mit Freunden zum Essen ging, knabberte ich stundenlang an einem Karottenstick, und bot mir jemand nach der Schule oder im Büro während der Kaffeepause ein Stück Kuchen an, lehnte ich dankend ab. Sah mich jemand essen, hätte man schließlich auf die Idee kommen können, mich mit den fehlenden Lebensmitteln in Verbindung zu bringen. Es erschien mir clever, meine Fresserei zu verbergen, indem ich alle Süßigkeiten, die meine Mutter mir in mein Lunchpaket packte, an Mitschülerinnen weitergab und später Kolleginnen in der Arbeit Kekse und Pralinen zum Nachtisch anbot. Ich verschenkte, ja opferte mein eigenes Essen in der Hoffnung, den Eindruck zu erwecken, kein Interesse an Nahrungsmitteln zu haben, und deshalb unmöglich jemand sein konnte, der Lebensmittel entwendete.

Was ich getan hätte, hätte man mich mitten in einer Fress-orgie ertappt? Es ist nie passiert. Aber wäre mein Freund oder Chef, meine Mutter, Mitbewohnerin oder Schwester ins Zimmer gekommen, während ich im ketschupbefleckten T-Shirt zwischen Bergen halb leerer Chipstüten und Pralinenschachteln hockte und mir esslöffelweise Eiscreme in den schokoladenverschmierten Mund schaufelte, ich wäre garantiert gestorben. Jedenfalls war ich davon überzeugt. Sollte meine Fresssucht entdeckt werden, würde ich einfach aufhören zu existieren. Ein Leben nach der Entlarvung war unvorstellbar. Versuchte ich es trotzdem, wurde es schwarz um mich herum.

Ebenso wäre ich gestorben, hätte jemand um die emotionalen Qualen gewusst, die ich mit Essen unterdrückte. Ich hatte keine Ahnung, was zuerst kam, was Auslöser und was Folgereaktion war – die Verzweiflung oder der Fressanfall, der Fressanfall oder die Verzweiflung; eines schürte das andere, ein echter Teufelskreis. Bevor ich abends das Haus verließ, schlug ich mit Fäusten auf meinen Körper ein, bestrafte meine Oberschenkel, weil sie unter dem Rock hervorquollen, packte Hände voll Bauchspeck mit den Fingern und quetschte sie mit aller Kraft: Schau, schau nur wie widerlich fett du bist! Diese Selbstbestrafung dauerte an, bis exzessiver Alkoholkonsum mich meine Körperfülle vergessen ließ.

Die Paranoia, die mit Fressattacken einhergeht, weist gewisse Ähnlichkeiten mit einer drogenbedingten Psychose auf, da man unter dem krankhaftem Verfolgungswahn leidet und glaubt, jeder, der einem begegnet, durchschaue einen. Oft ist es vorgekommen, dass ich während eines Fressanfalls ungewaschen und unfrisiert aus dem Haus ging, ohne Unterwäsche, nur mit Jogginghose und Schlabberpulli bekleidet, aber sobald ich wieder sicher in der heimischen Küche war, erfasste mich die blanke Panik, weil ich überzeugt war, jeder, dem ich über dem Weg gelaufen war, wisse von meiner Fresssucht.

Bei jedem Einkauf für die nächste Fressorgie, seien es Süßigkeiten oder eher Deftiges, glaubte ich ernsthaft, die Kassiererin würde merken, dass ich log, wenn ich etwas von einer »Familienfeier« murmelte, während ich sechs Bagels, Butterkekse, eine Quiche und vier Croissants einsteckte und mich flugs zu meinem Auto begab, wo ich mir die Beute gar nicht schnell genug in den Mund stopfen konnte. Ein kurzer Blick in den Rückspiegel stellte sicher, dass mir niemand folgte, wenn ich meinen Streifzug fortsetzte und, von unersättlichem Heißhunger getrieben, die nächste Bäckerei ansteuerte.

Auf solche Fressanfälle folgte regelmäßig das Bedürfnis, zumindest ein wenig Selbstachtung zurückzugewinnen und meinen Körper vor den Auswirkungen der übermäßigen Nahrungsaufnahme zu bewahren. Ein paar Stunden Bauchkrämpfe und Qualen auf den Foltergeräten des Fitnessstudios, und ich wäre wieder rein. Ich begann, meinen Abführmittelmissbrauch mit exzessiver Bewegung zu kombinieren, joggte, radelte und hob Gewichte bis zur totalen Erschöpfung. Ich war überzeugt: Sport würde mir das bringen, was bislang keine Diät geschafft hatte: den Perfekten Körper. Und dafür war schließlich kein Opfer zu groß.

Spieglein, Spieglein ...

Wo zum Teufel sind mein Trainings-BH und meine Leggings? Meine Oberschenkel sind widerwärtig fett, sieh sie dir nur an, sie reiben schon aneinander.

Ich wusste es! Ich habe seit gestern fünf Kilo zugenommen. Herrgott, wo habe ich denn nur meine Autoschlüssel hin? Wenn ich in die Hocke gehe und das T-Shirt über die Knie ziehe, sollte das den Stoff genug ausbeulen, um meinen Bauch und Hintern zu kaschieren.

Ich rauche nur deshalb im Auto, weil das meinen Hunger etwas in Schach hält. Hey, ist dir aufgefallen, wie deine Oberarme im Wind flattern, wenn du sie aus dem Autofenster hältst, Rachael? Das ist ja eklig. Mach heute unbedingt ein paar Trizepsübungen mehr. Sieh dir das bloß an: Wenn ich auf meinen Oberarm schlage, hört es eine Woche lang nicht auf zu wabbeln. Igitt, ich habe Zellulitis an den Armen.

Schaltet die Ampel denn nie um? Zum Donnerwetter, es ist grün, Mädchen, grüner wird's nicht. Na los, du Kuh, fahr doch endlich. Fahr zu! Typisch, ein dünnes Weib am Steuer eines Mercedes. Gibt ihr ganzes Essensgeld für ein Cabrio aus, damit sie sich beim Autofahren bräunen kann. Magere Ziege, wetten, sie hat sich das Fett absaugen lassen?

Ich möchte wissen, wo sich das Fett ansetzen würde, wenn ich mir den Bauch absaugen ließe. Ließe ich mir das Fett vom ganzen Körper absaugen, könnte es sich doch nirgends mehr ansetzen, und ich könnte essen, essen, essen, ohne jemals zuzunehmen ... oder würde dann vielleicht mein Kopf platzen? Kann man fette Nasenflügel kriegen? Oder Lippen? Hey, wenn ich dicke Lippen hätte, könnte ich ein Vermögen an Collagen sparen.

Das wär doch super!

Mit diesem Schaufenster da kann was nicht stimmen – ich sehe richtig schlank aus. Aha, wusste ich's doch, es war eine optische Täuschung, mein Schatten auf dem Trottoir zeigt doch, dass ich zehn Kilo abnehmen muss.

Sieh an, das ist doch die Möchtegern-Zwölfjährige an der Rezeption, die mit der Pfirsichhaut und den endlos langen Beinen, und ihre fünf Zwillingsschwestern sind auch da, beim Workout, was sonst.

»Guten Morgen, Rachael, lange nicht gesehen.«

Herrgott, wie heißt sie bloß? Una, Anja, Anna, Kleine-Gans-mit-riesen-Titten? Und was soll das heißen, lange nicht gesehen? Will sie, dass das ganze Fitnessstudio mitbekommt, dass ich eine faule fette Kuh bin, die stündlich mehr Muskeln abbaut? Nein, sie muss mich mit jemand anderem verwechseln, schließlich war ich erst gestern zweieinhalb Stunden hier. Und vorgestern sogar drei. Du lieber Gott, vielleicht erkennt sie mich nicht, weil ich so zugenommen habe?

»Hier, der Schlüssel für dein Schließfach, und vergiss nicht, dich für den Aerobic-Kurs nächste Woche einzutragen. Wir haben einen Gasttrainer da, er kommt aus Chicago und ist Spezialist für Bauch, Hüften und Oberschenkel.«

Danke, Kleine-Gans-mit-riesen-Titten. Du kannst jetzt abzischen, ist eh schon zu spät für dich.

126

Wahrscheinlich hat sie was mit dem Besitzer des Studios.

Mann, ist das voll hier. Lieber Gott, diese Frau hat dieselbe Zellulitis wie ich, und sie ist fünfzig! Jesus, sie hat genau dieselben Oberarme!!! Ich ... brauche ... Luft ...

Muss den Fettverbrennungspegel erreichen ... muss den Fettverbrennungspegel erreichen ... muss den Fettverbrennungspegel erreichen ... Ich wünschte, ich hätte so einen Hintern wie die Frau da vorn, er ist winzig ... muss den Fettverbrennungspegel erreichen ... muss den Fettverbrennungspegel erreichen ... muss den Fettverbrennungspegel erreichen ...

Wie lange schwitze ich jetzt schon auf diesem Ding? Zwölf Minuten: neun Kalorien verbrannt, einen halben Kilometer geradelt, das kann doch nicht sein. Ich habe noch nicht mal die Zwiebel von dem gestrigen Hamburger weg. Besser, ich stelle es eine Stufe höher. Vielleicht beteiligt sich meine Mitbewohnerin, dann könnten wir einen Heimtrainer mieten. Wahrscheinlich wäre sie dann bald schlanker als ich, und ich müsste doppelt so lange trainieren wie sie, um besser auszusehen. Vielleicht stelle ich den Heimtrainer lieber in mein Zimmer, dann kann sie ihn nicht mitbenutzen.

Da kommt sie schon, die Aerobic-Brigade. Wozu die Blonde nur so viel Makeup aufträgt? Herausgeputzt wie ein Pfau! Weiß sie nicht, dass der Trainer schwul ist?

Ah, jetzt haben sie die Tür zum Aerobic-Raum geöffnet. Ich beeile mich besser, dass ich reinkomme und mir mit meinem Handtuch meinen Platz sichere. Herrje, ich war ewig nicht mehr in diesem Kurs. Wer hat jetzt welchen Platz? Ich will nicht dieses speckhüftige Weib da neben mir haben. Aber die Dürre da auch nicht. Ist meine Figur gut genug für die erste Reihe? Oder soll ich mir lieber einen Platz weiter in der Mitte suchen? Jedenfalls nicht ganz nach hinten, da gehört die mit dem Schwabbelbauch hin. Was, wenn ich mich jetzt an den Platz von jemand anderem gestellt habe? Ich glaube, das habe ich, diese Frau wirft mir einen derart vernichtenden Blick zu ... Oh nein, das stimmt nicht, sie sieht ja an mir vorbei sich selbst im Spiegel an.

Wenn ich zu weit nach vorn gehe, werden die dünnen Zicken aus der vordersten Reihe meinen fetten Arsch bemerken, aber wenn ich zu weit hinten bin, denken alle, ich komme nur sporadisch her. Ich weiß nicht, wo mein Platz ist. Am besten, ich gehe noch mal raus und komme erst wieder rein, kurz bevor sie anfangen, und stelle mich dann einfach an einen freien Platz. Aber dann kommt garantiert die, die diesen Platz normalerweise hat, heute zu spät und giftet mich den Rest der Stunde an, und ich muss, wenn es vorn ist, die ganze Zeit mit dem Trainer mithalten, damit alle sehen, dass ich nicht zufällig in der ersten Reihe gelandet bin. Herrgott, was für ein Elend!

Natürlich könnte ich mich nach hinten zu den Dicken gesellen, dann käme ich auch richtig schlank raus und alle hielten mich für super, weil ich besser bin als sie, auch wenn mein Outfit heute farblich nicht optimal abgestimmt ist.

Oh, das ist ja eine neue Trainerin. Die kenne ich ja noch gar nicht, hoffentlich ist sie gut.

Ich liebe diesen Song! Was macht diese Kuh vor mir denn da? Der Schritt geht zur Seite, nicht nach hinten. Ist die denn blind *und* taub? Pass gefälligst auf, du Kuh! Vorsicht! Du rennst mich ja um! Herrgott, wenn du deine Bewegungen nicht koordinieren kannst, dann bleib gefälligst zu Hause! Nach rechts, ja Mädchen, besser so, rechts, jawoll. Siehst du, es geht doch.

128

Ich glaube, ich trinke heute einen Karottensaft als Mittagessen.

Eins, zwei, drei, vier und rechts; eins, zwei, drei, vier und links; eins, zwei, drei, vier und rechts – warum ist nur immer jemand dabei, der nicht im Takt bleiben kann? JETZT klatschen – oh nein, JETZT!

Vielleicht fange ich morgen eine Saftkur an. Zehn Tage oder so. Dann bin ich bei Ashleighs Hochzeit richtig schlank und kann ein enges Kleid anziehen und steche alle aus. Ihr Zukünftiger hat garantiert ein paar klasse Freunde. Vielleicht lerne ich einen Börsenmakler kennen und heirate ihn und wohne dann in New York. Ich könnte im Hafen von Manhattan heiraten, nein, wir heiraten hier in Sydney und geben dann eine Riesenfete in New York. Was für ein Auto soll ich mir wünschen? Einen weißen Jaguar vielleicht, wäre nicht übel. Hängt alles davon ab, was ich anziehe. Soll ich auf cool und stylisch machen oder eher im Prinzessinnenlook gehen? Zum Tanzen ist das kleine Schwarze besser, aber wenn ich meine Oberschenkel bis dahin nicht los bin, muss ich das Prinzessinnenkleid anziehen, das kaschiert mein Fett besser. Ich könnte nie heiraten, wenn ich dick bin.

Eins, zwei, drei, vier ...

William könnte den Blumenschmuck übernehmen, er ist ein so grandioser Florist, und wir sollten einen Chor für die Kirche engagieren, oder einen Opernsänger. Und die Hochzeitsbilder in Schwarzweiß, da sieht man wesentlich besser aus, und sie sind auch einfacher zu retuschieren.

Gütiger Himmel, dieses Mambo-Zeug hab ich noch nie richtig beherrscht. Hoffentlich schwabbelt mein Hintern nicht.

Ich muss unbedingt einen Entsafter kaufen. Auf dem Heimweg fahre ich beim Supermarkt vorbei und decke mich mit Obst ein. Wenn ich einen Mann kennen lernen und bald heiraten will, muss ich gut aussehen.

»Okay, Ladies, jetzt an die Gewichte, tun wir etwas für einen festen Busen!«

Hoch ... und ab ... und hoch ... und ab ...

Karotten- und Selleriesaft wäre am besten, verbrennt mehr Kalorien als man dabei aufnimmt.

Wie ... viele ... Liegestützen ... müssen ... wir ... noch ... machen?

Mein Bauch steht ein bisschen raus, vielleicht bin ich schwanger. Das könnte sein, das würde die fünf Kilo erklären, die ich seit gestern mehr habe, und meine schwabbeligen Oberschenkel, und den Bauch. Wann sind meine Tage fällig?

Aahh ... eins ... aahh ... zwei ... aahh ... drei ... aahh ... v ... v ... vier ...

Das letzte Mal hatte ich sie vor drei Wochen, oder waren es vier? Wo war ich da? Genau, auf Fionas Party. Wann war diese Party? Muss nach dem Schlussverkauf gewesen sein, weil ich den Scanlon-Rock Größe 36 anhatte, den ich zum halben Preis ergattert habe. Seitdem habe ich ihn nicht mehr getragen. Ob der mir jetzt überhaupt noch passt?

Einen Moment mal, ich kann gar nicht schwanger sein. Ich habe in der Zwischenzeit mit niemandem geschlafen. Das heißt, ich bin einfach fett: Fett und hemmungslos, ohne jede Selbstkontrolle. Vielleicht ist das PMS, und ich bin bloß aufgebläht. Also wann hatte ich jetzt das letzte Mal meine Tage?

Aahh ... zwanzig ... aahh ... einundzwanzig ...

Wenn ich die Pille nehmen würde, wüsste ich, wann ich meine Periode kriege, und ich muss die Pille nehmen, wenn ich heirate, aber dann nehme ich wieder zu und sehe aus wie schwanger, da kann ich dann eigentlich auch gleich richtig schwanger werden. Nein, Rauchen erleichtert das Schlankbleiben, und es heißt, man solle nicht rauchen *und* die Pille nehmen, also rauche ich lieber. Sonst sterbe ich noch an einer Unterschenkelthrombose. Mit einer Thrombose sieht man wirklich eklig fett aus, dann bräuchte ich einen extrabreiten Sarg, und ich könnte mich nicht aufbahren lassen, weil dann jeder sehen würde, wie dick ich bin.

»Das war's für heute, meine Damen. Danke schön, und vergessen Sie nicht, sich für den Gasttrainer aus Chicago einzutragen, der nächste Woche das Aerobictraining übernimmt ...«

Ja, ja, schon gut; man könnte meinen, der Gasttrainer ist Anthony Robbins, so wie sich die Weiber um die Liste drängeln. Vielleicht sollte ich mich auch anmelden, es könnte ja immerhin sein, dass er echt gut ist. Aber wo soll ich mich bei seinem Unterricht hinstellen, und was, wenn er mich für dick und unsportlich hält? Vielleicht sollte ich mir erst einmal ein Video von ihm besorgen und zu Hause üben. Wie viel das Video wohl kostet?

Typisch, wieder keine Dusche frei. Diese Frau da hat sich bestimmt den Busen liften lassen, einhundert pro. Was das wohl gekostet hat? Ob sowas teurer ist als ein guter Heimtrainer oder einmal Fettabsaugen?

Oh, die Jeans fühlen sich tatsächlich etwas weiter an als gestern Abend. Hurraaaa, ich nehme ab! Wenn ich mir vorstelle, wie schlank ich erst nach meiner zehntägigen Fastenkur bin! Eigentlich sehe ich gar nicht so übel aus. Der Bauch ist auch flacher als heute früh.

»Bye, Rachael, einen schönen Tag noch.«

Danke, Magere-Hippe-mit-den-riesen-Titten, den werd ich haben. Wo ist jetzt die Obstabteilung? Die Rolltreppe runter und dann links.

Ach du lieber Himmel, so sehe ich doch nicht wirklich aus, oder? Sieh dir bloß meine Oberschenkel an, da in dem Schaufenster. Die sind ja schlimmer als heute früh. Was habe ich mir bloß gedacht? So kann ich unmöglich aus dem Haus gehen.

Ich war ein Fitness-Junkie, wie er im Buche steht. Mein Leben drehte sich um Sport: um 6 Uhr früh Workout, um 17 Uhr Krafttraining, um 18.30 Uhr Step und um 20 Uhr Circuit. Streckte ich beim allmorgendlichen Stretching mein Bein weit über den Kopf, sonnte ich mich im Glanz meiner festen Muskeln. »Weißt du, ich kann nicht um sechs auf einen Abschiedstrunk kommen, weil ich um viertel nach fünf Hüft- und Oberschenkeltraining habe. Ich weiß, es wäre das letzte Mal, dass wir uns vor deinem Umzug ins Ausland sehen, aber ich kann diesen Kurs beim besten Willen nicht sausen lassen, das verstehst du doch.« Ich verabscheute meinen Körper, und um ihn noch mehr verabscheuen zu können, pflasterte ich die Wände meiner Wohnung mit Spiegeln und Fotos ultradünner Models und stellte überall Personenwaagen auf.

Trotz regelmäßigem Fitnesstraining, Einzeltrainerstunden beim Tennis, festen Terminen bei Ernährungsberaterin, Heilpraktiker, Akupunkteur und Allergologe (keine Übertreibung!) sah ich, wenn ich an einem Spiegel vorbeikam, nichts als meinen fetten Po. Ich wollte den Perfekten Körper und war bereit, dafür alles zu opfern: Zeit, Freundschaften, meine Arbeitsstelle und meine Gesundheit.

Den Perfekten Körper gibt es tatsächlich; ich habe Fotos, die es beweisen. Er wurde auf auf den Laufstegen von Mailand, Paris und Rom gesichtet, auf den Seiten von *Sports Illustrated* und in der Werbung für Spitzendessous. Der Perfekte Körper (PK) ist eine symmetrische Kombination aus endlos langen Beinen, einem konkaven Bauch, Cup-C-Brüsten, einem winzigen Hintern und vorstehenden Rippen, sichtbaren Brustbein- und Hüftknochen, gekrönt von einem strahlend weißen Gebiss, Stupsnase, eimem großen, üppigen Mund und riesigen hungrigen Augen über ausgeprägten Wangenknochen. Der PK ist immer untergewichtig und übergroß.

Jeder Mensch weiß, dass der PK ungleich höheren Attraktivitätswert besitzt als der DK (Durchschnittskörper), der in aller Regel übergewichtig und untergroß ist. Je weiter die eigene Figur folglich vom DK entfernt ist und sich dem PK annähert, desto besser. Wie weit du vom Perfekten Körper entfernt bist, kannst du messen, indem du deinen Körper mit dem anderer Frauen, bevorzugt solchen auf Laufstegen und Werbeplakaten, vergleichst.

Es ist durchaus möglich, den Perfekten Körper zu bekommen. Jede Frau kann ihn erreichen. Natürlich braucht man dazu etwas Disziplin und Selbstbeherrschung. »Wer schön sein will, muss leiden«, das wussten schließlich schon unsere Großmütter. Fitnessstudio, plastische Chirurgie und Diäten können dir helfen, den Perfekten Körper zu realisieren.

Mit dem Perfekten Körper kommt das Perfekte Leben. Mit dem Perfekten Körper wirst du von umwerfend gut aussehenden Männern geliebt und umschwärmt, deine langen Beine werden die Ledersitze nobler Sportwagen streifen, dir wird es an nichts mangeln, und du wirst von anderen SLMs (schönen lachenden Menschen) umgeben sein.

Vergiss während der Arbeit am Perfekten Körper aber nie, dass jeder Spiegel lügt. Vertraue ihnen nicht. Was immer sie dir erzählen, es stimmt nicht. Wenn sie behaupten, du seist schlank, schmeicheln sie dir nur. Die einzigen Spiegel, die die unverblümte Wahrheit sagen, befinden sich in öffentlichen Umkleideräumen oder Kaufhaus-Anprobekabinen unter kalter Neonbeleuchtung. Das sind die einzigen Spiegel, die nicht lügen.

Glaube nie, was eine dünne Frau dir sagt. Je dünner eine Frau, desto gehässiger ist sie auch. Sie hält sich für dick, und du weißt, dass es bist. Erzähl ihr am besten, dass sie zugenommen hat, dann läuft sie kreischend davon und lässt dich in Ruhe.

Denke immer daran, dass es möglich ist, in vierundzwanzig Stunden sieben Kilo zuzunehmen. Dein Körper will rund um die Uhr streng überwacht sein, also kontrolliere ihn fortlaufend in jedem Schaufenster, in Autorückspiegeln und den Sonnenbrillengläsern von Passanten.

Alles ist besser, als dick zu sein. Sterben ist besser, als dick sein, das müsste eigentlich jede Frau wissen. Zigaretten können das Hungergefühl zeitweise etwas mindern, und bei der Wahl einer Vorspeise solltest du dich generell für die Austern entscheiden, da man davon am leichtesten eine Lebensmittelvergiftung bekommt, die das Fett auf deinen Oberschenkeln reduzieren hilft.

Elle Macpherson hat den Perfekten Körper, und jede Frau kann, unabhängig von ihren Genen, so aussehen wie sie, wenn sie nur genug dafür tut. Hefte dir Bilder von ihr an den

Kühlschrank, an den Badezimmerspiegel, die Schlafzimmertür und auf die Rückseite der Sonnenblende in deinem Auto.

Vertraue beim Streben nach dem Perfekten Körper keinem Mann. Ein Mann wird es dir nie sagen, wenn du zugenommen hast; er wird behaupten, du sähest »gut« aus, wenn du weißt, dass du auf dem besten Wege bist, den Kampf gegen die Pfunde zu verlieren, und er wird sagen, du wirkst »erschöpft«, wenn du dabei bist, ihn zu gewinnen. Erzählt er dir, du wärst umwerfend schön und schlank, will er bloß mit dir ins Bett. Auch auf das, was Frauen sagen, ist kein Verlass, denn auch sie lügen gewöhnlich, wenn es um deinen Körper geht; für dünne Frauen gilt das ganz besonders.

Wenn du keinen Perfekten Körper hast, hast du automatisch ein Negatives Körperimage (NKI), weil du keinen Perfekten Körper hast. Aber denk dir nichts: Jede Frau hat NKI. Wie oft hast du deine beste Freundin klagen hören »Ich bin so dick, ich habe seit gestern fünf Kilo zugenommen«, während sie gertenschlank vor dir steht? Läuft irgendetwas nicht so, wie man es sich vorgestellt hat, tritt man als guter NKIst vor den Spiegel, um die Ursache des Elends dingfest zu machen: Mein Freund hat mir den Laufpass gegeben – ich bin zu dick. Mein Chef ist ein Ekel – ich bin zu dick. Meine Mutter meckert andauernd an mir herum – ich bin zu dick. Meine beste Freundin heiratet – ich bin zu dick. Ich bin zu dick. Ich bin zu dick. Ich bin zu dick. Wir alle wissen, dass es damit zusammenhängen *muss*, dass man nicht den PK hat, wenn das Leben nicht so spielt, wie man es sich wünscht. Und wer keinen PK hat, hat automatisch NKI.

Solltest auch du unter NKI leiden, weißt du ja, dass Perfektion in Gestalt des PK existiert, dass Perfektion allemal besser ist und dass man diese Perfektion durchaus erlangen kann, wenn man sein Aussehen verändert. Dies wiederum lässt sich mithilfe von Schlankheitskuren, Shopping und Schönheitsoperationen erreichen.

Körperbewusste Frauen sind anfällig für exzessives Verhalten. Bulimikerinnen und Fresssüchtige sind exzessive Esser, Magersüchtige hungern bis zum Exzess. Erbrechen ist ein anderer Exzess, der in direktem Verhältnis zur Menge der während der vorrausgegangenen Fressorgie verschlungenen Nahrungsmittel steht: je exzessiver das Gelage, desto exzessiver auch die Kotzerei danach.

Ich war schon immer ein Mensch der Extreme. Extrem hungrig, extrem locker im Umgang mit Geld und extrem trinkfreudig. Mein Motto für fast alles im Leben lautete: Wenn du etwas tust, dann tue es richtig (sprich: exzessiv). Ich kannte keine andere Art zu leben. Von frühester Jugend an bekam ich alles, was ich mir wünschte, und wenn ich es nicht bekam, dann nahm ich es mir eben – felsenfest überzeugt, dass es mir zustand und meine Eltern kein Recht hätten, es mir zu verweigern.

Vielleicht denkst du jetzt, ich sei eine dieser unangenehmen Zeitgenossinnen gewesen, die alles besser wissen. Da muss ich natürlich widersprechen. Es ist nur einfach so, dass ich, wenn jemand eine Geschichte erzählte, eine bessere parat hatte. Ich war Expertin für Fallschirmspringen, obwohl ich es nur einmal im Tandem probiert hatte. Und selbstverständlich machte mich mein kurzer Ausflug in die Werbebranche zur routinierten Fachfrau für Marketing und ein zweiwöchiger Fotokurs zu einer Kapazität auf dem Gebiet des Fotografierens. Wäre ich mir selbst auf einer Party begegnet, hätte ich schnellstens das Weite gesucht. Doch stattdessen gab ich die

Partys und sorgte dafür, dass sie so frivol und ausgefallen waren, dass man noch Jahre später darüber sprach.

Wer berühmt ist, braucht sich um NKI und den PK keine Gedanken mehr zu machen. Prominenten geht es ums Sehen- und-Gesehen-Werden. NKI tritt immer dann auf, wenn man sich selbst an dem Perfekten Körper misst und festzustellen versucht, wie nahe (oder nicht) man – verglichen mit den Körpern um einen herum – diesem Ideal kommt. Sobald andere dich mustern und in Relation zum PK bringen, hast du Prominenz. Hast du sie? Haben die anderen sie? Siehst du jemanden, der sie hat? Wer will sie, und wer hat sie? Manche haben mehr davon und andere weniger. Wenn du NKI hast, bekommst du sie nur von dir selbst, da du dich dauernd umschaust und Vergleiche anstellst und dann wieder dich selbst betrachtest. Kannst du mir soweit folgen? Gut.

Magersüchtige haben das Verlangen nach Aufmerksamkeit perfektioniert und zwingen andere, ihren Hilferuf wahrzuneh- men. Seht her, seht mich an, seht, wie sehr ich leide. Je mehr man abnimmt, desto mehr Aufmerksamkeit erregt man.

Die Zwangsesserin hingegen will sich in ihrem Körper ver- stecken, möchte von niemandem bemerkt werden, sieht sich selbst nicht an und stellt doch, genauso wie die Magersüchti- ge, ihren Schmerz offen zur Schau. Je dicker sie wird, desto mehr Aufmerksamkeit zieht sie auf sich. Sie hat es geschafft, und sie hasst sich dafür. Abfällige Bemerkungen von Frem- den, Freunden und Verwandten schüren nur das negative Bild, das sie von sich selbst hat.

Würden wir nicht ständig die eigene Figur mit den Körpern vergleichen, die wir im Fernsehen und auf Werbetafeln sehen, gäbe es kein NKI. Immerzu stellen wir Vergleiche an – zwischen der Figur, die wir jetzt haben, und der, die wir gestern hatten oder letzte Woche oder letztes Jahr. Sieh die Figur dieser Frau dort an, vergleiche sie mit der eigenen und beachte, wie deine im Vergleich dazu abfällt.

Ich habe ganze Wochenenden zu Hause gehockt, weil ich mich zu sehr schämte, das Haus zu verlassen. Weil mir mein Spiegel sagte, ich sei zu dick. Ging ich doch aus, hatte ich das Gefühl, mein Bauch verdreifache sich zwischen neunzehn und zweiundzwanzig Uhr, bevor ich heimrannte und angewidert in einem Schaufenster meine Fettmassen wabbeln sah. Spätestens eine Woche vor einem Friseurtermin ging ich regelmäßig auf Diät, weil ich es nicht ertragen hätte, drei Stunden lang meinem Spiegelbild gegenüberzusitzen. Zwinkerte mir der Mann im Mauthäuschen auf der Brücke einmal nicht zu, wenn ich abends über die Brücke in die Stadt fuhr, kehrte ich um, um meine Haare anders zu frisieren. Spiegel, Schaufenster, Mautkassierer und Betrunkene in einer Bar, sie alle nahm ich als Indikator für mein Aussehen bzw. dafür, wie nahe mein Körper dem PK kam. War er nicht perfekt, musste ich ihn eben noch mehr bestrafen, mit vierstündigem Aerobic-Training, Zellulitisbehandlungen, Dampfmassage und ähnlichen Foltern.

Ich gestehe es: Ich bin süchtig nach Aufmerksamkeit. Ich muss auf jeder Party die Schönste sein. Bin ich es nicht, will ich wenigstens die Lauteste, die Lustigste oder die am besten Angezogene sein. Dafür bin ich bereit, einen weit höheren Preis zu zahlen als die meisten Frauen. In der Schule gab ich während der Pause Breakdance-Vorstellungen, schloss mich für die Dauer des Englischunterrichts in einen Schrank ein – und hungerte. Alles wegen der Aufmerksamkeit. Später arbeitete ich beim Radio und Fernsehen, weil ich die Beachtung

Tausender spüren wollte. Seht mich an, seht mich an, seht mich an! Zog eine andere Person mehr Aufmerksamkeit auf sich, dann musste ich eben lauter, witziger, dünner werden, um die Augen aller, auf mich zu ziehen – worauf ich meiner Meinung nach ein Anrecht hatte.

Dieses Streben nach Aufmerksamkeit prädestinierte mich für einen Job im Bereich der Massenmedien. Als ich nach dreieinhalb Jahren London wieder nach Australien zurückkam, quasselte ich mich in eine Anstellung erst als Radiomoderatorin und dann als Fernsehansagerin, um sicherzustellen, dass ich berühmt würde. Gierig sog ich die Bewunderung der Hörer auf, die Beachtung der Vertreter von Plattenfirmen, die wollten, dass ich ihre Musik auflegte, und der Bands, die ich interviewte. Ich wurde kostenlos eingekleidet, bekam CDs und Kinokarten geschenkt und jede Menge Einladungen zu Partys. Aber Prominenz hat ihren Preis. Zu viel davon kann Unbehagen verursachen. Kein Mensch verträgt Prominenz rund um die Uhr. Doch Prominenz macht süchtig: Je mehr man davon hat, desto mehr braucht man, und wie ein echter Suchtkranker scheut man schließlich nicht einmal mehr davor zurück, sie anderen zu stehlen.

Doch meine Sucht nach dem Perfekten Körper und nach Aufmerksamkeit schlug auf mein NKI zurück, als ich mich für eine australische Frauenzeitung auszog. Wie es dem Fotografen gelang, mich zu Aktaufnahmen zu überreden, weiß ich nicht. Nun ja, ehrlich gesagt, es war nicht weiter schwer. Er brauchte es bloß anzusprechen. Eine Freundin von mir, Journalistin, schrieb an einem Artikel über Menschen und ihre Schlafräume: Fotos von Frauen in Seidennegligés in einem romantischen Boudoir oder umringt von Teddybären aus

Kindheitstagen, Männer in Leder, die neben ihrer Stereoanlage schliefen, Kommentare der Schlafzimmerbesitzer, wie sie ihre Zeit im Schlafzimmer verbringen, was ihr Schlafzimmer ihnen bedeutet, so in der Richtung. Rachael sollte die ätherische Schönheit verkörpern, mit einem mystischen Schlafraum ganz in Weiß. So wenigstens stellte ich es mir vor.

Während des Interviews ermunterte meine Freundin mich, ihr meine heißesten Schlafzimmerstorys zu erzählen. Viel Überredungskunst brauchte sie dazu nicht. Schließlich musste ich, wenn ich Aufmerksamkeit wollte, Aufregenderes bieten als die anderen Befragten. So ergötzte ich sie mit Geschichten von Séancen, Verführung nach allen Regeln der Kunst und Sex auf dem Fensterbrett, wobei ich natürlich nicht immer ganz bei der Wahrheit blieb. Dann kam der Fototermin.

Als der ganz in Schwarz gekleidete Art-Director bei mir klingelte, hatte ich mich für die Kamera herausgeputzt wie ein Pfau. Die Mühe hätte ich mir sparen können. Eine kurze Andeutung seinerseits, ob ich nicht nackt posieren wolle, war alles, was es brauchte. Schließlich durfte ich vor diesen Leuten nicht das Gesicht verlieren.

Ich wollte hip und cool erscheinen, so als wäre es etwas Selbstverständliches, mich vor Wildfremden auszuziehen (ich weiß, ich weiß). So räkelte ich mich also im Evaskostüm auf meinem nicht gerade schmalen Bett und malte mir aus, wie mein gewagtes Aktporträt *der* Gesprächsstoff bei allen Cocktailpartys sein würde, als der Fotograf mich bat, mich auf die andere Seite zu drehen.

Versuche einmal, dich fotogen zu präsentieren, wenn du splitternackt bist. Das ist gar nicht so einfach. Legte ich mich nach rechts, sah es aus, als hätte ich einen Hängebusen. Linste ich verführerisch nach unten in die Kamera, vervielfachte sich mein Kinn. Ehrlich, mir ging so viel durch den Kopf, dass ich erst, als das Fototeam schon wieder weg war, merkte, wie ich mich über den Tisch ziehen hatte lassen. Guter Gott, Rachael, die müssen sich auf dem Rückweg in die Redaktion ausgeschüttet haben vor Lachen.

Ich versuchte, meine Nerven mit einem Laib Früchtebrot und einer Familienpackung Vanilleeis zu beruhigen. Ich spielte die coole Nonchalante und prahlte vor meinen Freunden damit, was für ein gesundes Körperbewusstsein ich doch hätte. Insgeheim freilich plante ich, die gesamte Auflage aufzukaufen und einem Blindenheim zu stiften.

Das Heft kam heraus, und auf der Titelseite prangte nahezu lebensgroß die unschuldige kleine Rachel, ihre Reize zur Schau stellend. Ich war total hin- und hergerissen. Einerseits fand ich es phänomenal, der Star der Woche und berühmt zu sein, fühlte mich gleichzeitig aber ausgesprochen unwohl, weil ich dafür so viel von mir hatte preisgeben müssen. Die Entscheidung, nackt zu posieren, hatte ein böses Nachspiel. Sie endete in einem dreimonatigen Fressanfall und sieben Kilo Gewichtszunahme.

Ich war bereit für Prominenz, als ich an jenem Tag nackt auf meinem Bett lag. Dieses Foto und die Aufmerksamkeit, die die Geschichte mit sich bringen würde, sollte mich von meinen Freundinnen abheben, meine Kolleginnen im Sender eifersüchtig machen und meine Schwestern zur Weißglut bringen. Ich zog mich nicht aus, um Männern meinen Körper zu zeigen. Ich zog mich aus, damit die Frauen in meinem Leben mich beneideten – um meinen Mut zur Selbstdarstellung und um meinen schlanken, festen Hintern.

Bis die Diät uns scheidet

Lass mich eines klarstellen: Gott erschuf Adam. Aus Adams Rippe entstand Eva. Eva bekam Hunger und wagte es, vom Baum der Erkenntnis zu naschen (Mann … wenn Er nicht wollte, dass Eva vom Baum der Erkenntnis aß, warum nannte Er ihn dann eigentlich nicht Strauch der Belanglosigkeit?). Und als Folge davon bin ich nun für alle Ewigkeit mit Evas Appetit geschlagen und, sollte ich Kinder in die Welt setzen wollen, zu grauenvollen Entbindungsschmerzen verurteilt. Das ist doch nun wirklich logisch, oder nicht?

Genau wie bei Eva war es auch bei mir die Lust auf Verbotenes, die meinen Niedergang beschleunigte. Hätte ich nicht all die verführerischen Früchte genascht, mich nicht jenen postkoitalen Eiscremeorgien hingegeben, nicht an manchen Tagen Frühstück, Mittag- *und* Abendessen verzehrt, wäre ich nie so dick geworden, und »er« hätte mich nicht verlassen. Hätte ich nur an jenem Morgen meinen Hunger auf Frühstückscroissants unterdrückt, hätte ich nicht fünf Kilo zugenommen und würde jetzt anstelle dieser doofen blonden Zicke in die Kamera strahlen, die mit ihrer präpubertären Figur praktisch aussieht wie ein afghanisches Hungerkind.

Jede Frau weiß, dass Hunger eine Sünde ist. Gott sei Dank bin ich nicht katholisch – sonst hätte ich mehr Jahre meines

Lebens in einem Beichtstuhl verbracht als vor dem Kühlregal meines bevorzugten Supermarkts.

Manchmal, wenn ich mit anderen Frauen zusammen bin, habe ich das Gefühl, von lauter Evas umgeben zu sein, die ebenso pflichtschuldig wie ich die verführerischen Platten ignorieren, auf denen sich Obst- und Sahnetörtchen, mit Avocadocreme gefüllte Tomaten, kunstvoll garnierte Forellenfilet- und Lachsschnitten, Hähnchenbissen mit Mayonnaisehäubchen und sündhaft öltriefende Antipasti türmen. Sollen wir zu einer Feier etwas mitbringen oder geben selbst eine Party, häufen wir Köstlichkeiten auf Köstlichkeiten, um die anderen Frauen in Versuchung zu führen, auf dass sich ihr verbotener Hunger offenbare. Aber keine von uns gibt sich eine Blöße, und jede kehrt mit leerem Magen nach Hause zurück, um sich stante pede aus dem eigenen Kühlschrank den Bauch voll zu schlagen. In der Öffentlichkeit jedoch, konfrontiert mit verlockend angerichteten Häppchen, sprechen wir unseren wohl einstudierten Text ...

»Nein danke, ich habe schon gegessen.«

Heißt so viel wie: Genau genommen habe ich gestern den ganzen Tag über gefressen, weil ich solchen Schiss hatte, was ihr hier von mir halten werdet. Hoffentlich habt ihr meinen Cabrio-Schlüsselanhänger bemerkt, der hier, schön demonstrativ, vor mir auf dem Tisch liegt. Wo ist die Toilette? Ich glaube, ich muss kotzen.

»Ich nehme nur einen Bissen; wollen wir uns ein Stück teilen?«

Heißt so viel wie: Ich möchte nicht, dass irgendjemand meint, ich sei deshalb so dick, weil ich so verfressen bin. Ich kann es kaum abwarten, endlich heimzukommen und diesen Rock loszuwerden. Hätte ich mich bloß nicht in das enge Lycradings gezwängt.

»Ein Stück Gebäck? Nein, beim besten Willen nicht, ich habe in letzter Zeit ohnehin stark zugenommen.«

Heißt so viel wie: Ich habe gestern eine ganze Schokotorte gefressen und deshalb auch so widerwärtig fette Oberschenkel. Wie lange geht denn dieser Lunch noch? Ich habe um zwei eine Einzeltrainerstunde. Vielleicht kann ich doch ein Gebäckteilchen essen, wenn ich dafür abends zwei Kilometer mehr jogge und das Abendessen auslasse, aber ich esse es auf dem Klo, nicht dass mich noch jemand dabei beobachtet.

»Aber wirklich, Sie müssen etwas essen. Probieren Sie doch die Antipasti. Sie sind unheimlich lecker.«

Heißt so viel wie: Lieber Himmel, die werden doch nicht das ganze Essen übrig lassen. Ich kann dem unmöglich widerstehen, ich muss alles wegwerfen. Aber der Müll kommt erst Mittwoch, und ich glaube nicht, dass ich so lange neben einem Abfalleimer voll Plundergebäck leben kann. Ich muss es an den Nachbarhund verfüttern.

Wie wohlerzogene kleine Evas essen wir nicht in der Öffentlichkeit, sondern verbergen unseren Hunger und beißen in den verbotenen Apfel erst dann, wenn wir wieder allein in unserer eigenen Küche Eden sind. Wir haben so vieles gemein, die Physiologie, die XX-Chromosomen und die Freuden der Entbindung, aber wir sind nicht in der Lage, in Anwesenheit von Geschlechtsgenossinnen mit Appetit ein Törtchen zu verzehren, ohne massive Schuldgefühle zu entwickeln.

Der Körper einer Frau ist ihre Messlatte. An ihm misst sich, wie viel besser oder schlechter wir im Vergleich zu anderen Frauen abschneiden, von ihm hängt ab, wie wir uns in Gesellschaft anderer Frauen fühlen – überlegen oder unterlegen.

Wie oft hast du eine Ex deines Freundes gesehen und erleichtert aufgeatmet, weil du schlanker oder hübscher bist als sie? Wir neigen dazu, andere Frauen herabzusetzen (»Sieh bloß, was die für dicke Fesseln hat!«), damit wir uns in unserer eigenen Haut wohler fühlen; aber dann überkommen uns Schuldgefühle, weil wir sie niedergemacht haben, und wir stellen neuen Vergleiche an, um unser Selbstwertgefühl zu steigern, oder aber wir fressen, um die Schuld hinunterzuschlucken.

Wie viele Stunden hast du damit verbracht, ein Cocktailkleid für eine Abendeinladung zu suchen, in dem du alle anderen anwesenden Frauen ausstichst? Aber frag einmal einen Mann, was du oder eine andere Frau anhatte, und die Chancen stehen gut, dass er es dir nicht wird sagen können. Frag andererseits eine Frau, die ebenfalls dort war, und sie wird dir minutiös Schnitt und Preis und Konfektionsgröße jedes einzelnen Damenoutfits schildern.

Andere Frauen brauchen Schlankheitskuren, und zwar nicht nur des angestrebten PKs wegen. Welche Frau kommt ohne Diätgefährtin aus, eine Leidensgenossin auf der hindernisreichen Straße hin zu schlanken Schenkeln, flachem Bauch und eingefallenen Wangen? Jede Frau weiß, wie anstrengend das Diätleben ist. Wenn wir gerade einmal nicht Kalorien zählen, zählen wir Fetteinheiten; zählen wir gerade keine Fetteinheiten, dann wiegen wir die Lebensmittel grammweise; und wiegen wir nicht Lebensmittel grammweise, dann wiegen wir uns. Da wollen Vitamin- und Magnesiumbedarf ermittelt, exakte Tabellen geführt werden. Um bei der Stange zu bleiben, braucht eine Frau einfach jemanden, der rund um die Uhr zur Verfügung steht. Am besten jemanden, der im selben Boot sitzt. Hier kommt die Diätgefährtin ins Spiel.

Kontrolle ist alles, und schließlich willst du dich doch nicht um ein Kilojoule verrechnen; das könnte schließlich den Unterschied zwischen Konfektionsgröße 36 und 36-und-ein-bisschen bedeuten! Vertraut man die Endkontrolle einer Diätgefährtin an, sind solche gefährlichen Ausrutscher praktisch hinfällig. Geteilte Diättipps und geteiltes Gewichtsleid können Frauen auf immer zusammenschweißen.

»Willst du, Rachael Oakes-Ash, Andrea Beckett zu deiner gesetzlich angetrauten Diätgefährtin nehmen? Um von diesem Tag an gemeinsam Kalorien zu zählen, zu wiegen und zu messen?«

»Ja, ich will.«

»Gelobst du, sie zu ermahnen, sie mit einem feuchten Teebeutel oder einer Tüte gefrorener Erbsen zu schlagen, falls ein verbotener Krümel über ihre Lippen gleitet, sie notfalls mit Fußtritten zum abendlichen Waldlauf anzuspornen und sie an die Energie spendenden Kräfte von Flohsamen-Schoten, Rote-Beete-Saft und Selleriesalat zu erinnern?«

»Ja, ich gelobe es.«

»Willst du, Andrea Beckett, Rachael Oakes-Ash zu deiner Diätgefährtin nehmen? Um von diesem Tag an gemeinsam Versuchungen kulinarischer Art, jegliches lukullische Vergnügen und alle Nährstoffe zu meiden?«

»Ja, ich will.«

»Gelobst du, dreimal täglich Reis zu essen, fünf Liter Wasser zu trinken und Rachael auch um drei Uhr morgens für telefonische Diätfragen zur Verfügung zu stehen, bis die Diät euch scheidet?«

»Ja, ich gelobe es.«

»Hiermit erkläre ich euch zu Diätgefährtinnen. Ihr dürft euren Geschmacksknospen auf ewig Adieu sagen.«

Als Diätgefährtinnen machten Andrea und ich die Fit-for-Life-, die Atkins- und die Leberreinigungs-Diät – ein achtwöchiges Entzugsprogramm mit einem allmorgendlich einzunehmenden ekelhaft riechenden grünen Trank. Alle halbe Stunde tauschten wir uns am Telefon aus, um den gegenwärtigen Stand der Kalorienzufuhr zu vergleichen. »Meinst du, meine Leber ist inzwischen wieder fit?« »Vergiss die Leber, ich habe anderthalb Zentimeter Taillenumfang abgenommen, weil dieses Gesöff so abführt!« Unser gesellschaftliches Leben beschränkte sich auf Videos und eine gemeinsam gekochte Kartoffel am Samstagabend.

Eines Freitagabends, es war in der fünften Woche der Leberreinigung, war ich zu einem Abschiedsessen bei einer Freundin eingeladen, die wieder zurück in ihre Heimat Irland ziehen wollte. Aus Angst vor meinem unkontrollierbaren Hunger und meinem Mangel an Selbstbeherrschung fuhr ich zwei Stunden früher hin, um vor Beginn des eigentlichen Dinners wieder weg sein zu können. Während Sara Lachs aufschnitt, Champignons dünstete und Canapés anrichtete, stand ich in ihrer Küche und knabberte Karotten, Selleriestangen und Radieschen aus wiederverschließbaren Frischhaltebeuteln in meiner Handtasche. Sara war eine begnadete Köchin, die schlemmerhafte Gourmetgerichte zaubern konnte. Während des Kochens bot sie mir einen Drink an.

Einen Wodka mit Limonensaft? Ich weiß nicht recht. Darf ich mal kurz telefonieren? »Hallo, Andrea? Ich bin's, Rachael. Hast du gestern Abend irgendwas getrunken, als du aus warst? ... Ja? ... Wunderbar, was denn? ... War das mit Diet-Tonic oder mit normalem? ... Und nur den einen, oder hattest du mehrere? ... Nein, nein, du kannst es mir schon sagen, ich werde nicht sauer ... Okay, okay ... Du hattest also drei ... und einen Cocktail – cremig oder trocken .... mit Magermilch oder Sahne? ... Waren die Erdbeeren aus der Dose mit Zuckersirup oder frisch? ... Aha, drei Wodka-Tonic also und ein Sahnecocktail, aber mit frischen Erdbeeren ... Okay, wunderbar, danke Andrea ... Ja, bis morgen früh dann um viertel nach sechs zum Workout und anschließend zwölf Kilometer Waldlauf ... Nein, Andrea, du musst mitkommen ... Ja, ich weiß, es ist Sonntag, aber du bist doch nicht gläubig ... Ciao, ciao!

Sara, ja, ich nehme gern einen Wodka mit Limonensaft, danke.

Wie bitte, ob ich ein paar Käsecracker dazu möchte?

Schluck, warte mal, kann ich nochmal kurz dein Telefon benutzen ...

Essen war die Basis vieler meiner Freundschaften. Ich wusste, auf Andrea konnte ich mich als Diätgefährtin verlassen, während ich mit Monica paradiesische Fressorgien feierte. Einige Freundinnen teilten meine Fitnessmanie, andere waren bewährte Kumpane bei post-marathonalen Gelagen. Ich hatte Freundinnen für magere und für fette Zeiten.

Die Fress-Freundinnen traf ich meist am Wochenende, wenn ich alle Hemmungen über Bord warf, samstags Unmengen von Alkohol konsumierte und sonntags Schokolade, Eiscreme und all die anderen Fressalien in mich hineinspachtelte, die unter der Woche streng verboten waren.

Meine Freundinnen und ich brachten Jahre damit zu, uns im Kampf um den Perfekten Körper gegenseitig zu übertrumpfen. Wir knabberten Karotten im Pausenhof und verschlangen ganze Kartons voll Negerküsse, sobald wir wieder daheim waren. Wir suchten die Gesellschaft Gleichgesinnter, die ebenfalls mit dem eigenen Körper im Clinch standen, und mieden jene, die es nicht taten.

»Ich darf wirklich nichts davon essen. Ich habe sieben Kilo zugenommen und bin ganz entsetzt über mich.«

»Waaas, Sie auch? Ich kriege seit dem Baby mein Gewicht einfach nicht mehr runter.«

»Haben Sie schon die neue Diät ausprobiert? Die Auch-du-kannst-aussehen-wie-Gwyneth-Paltrow-Diät?«

»Nein, aber ich habe es mir schon ewig vorgenommen. Eine Cousine von mir hat sie gemacht, und man erkennt sie nicht mehr wieder!«

Voilà, eine Freundschaft ist geboren! Aber wie lange wird sie halten?

Wenn ich immer jemanden hätte, mit dem ich eine Diät machen, joggen und über überflüssige Pfunde klagen könnte, würde ich mich nicht so allein gelassen fühlen. Dachte ich. Auf keinen Fall durfte meine Diätgefährtin weniger wiegen als ich, mehr abnehmen als ich oder die Diätvorschriften strikter einhalten als ich. Überrundete sie mich in irgendeiner Hinsicht, griff ich zu unfairen Mitteln wie Sabotage und versuchte, sie zu einem Stück Schokoladentorte (oder auch fünfen) zu überreden, in der Hoffnung, dass sie ganz schnell wieder zunehmen und mir im Diätwettlauf die Führung überlassen würde.

Mädchen, nehmt euch vor der Appetit-Animateuse in Acht. Gewöhnlich voll auf ihr eigenes Körperimage konzentriert, wird sie sich dankbar auf das deine stürzen, insbesondere dann, wenn du schlank und schön bist und einen Mann an deiner Seite hast. Diese Frauen verstehen sich auf Versuchungen; schließlich kämpfen sie selbst Tag für Tag dagegen an. Um den Perfekten Körper zu erreichen – und andere ins

Hintertreffen zu bringen –, schrecken sie vor keiner Schandtat zurück. Diese Frauen scheuen sich nicht, jedes Girl, das ihnen (vermeintlich) im Weg steht, mit Pfennigabsätzen auf die zarten Füßchen zu treten.

Sie wissen um die Verführungskraft einer Schokocremetorte, sind mit der Kunst vertraut, deinen Willen mit Zitronenbiscuitrolle zu beugen, und sie kennen kein Tabu, wenn es darum geht, dir den Duft von frischen Butterkeksen in die Nase steigen zu lassen, bis du alle guten Vorsätze vergisst. Makellos gekleidet, mit Wespentaille und festen Brüsten, lamentiert die Appetit-Animateuse permanent über ihre Figur (»Ich bin ja sooooo fett«). Und sie wird sogar vorgeben, die Verführungen, die sie allein dazu aufgetischt hat, um dir eine »Freude« zu machen, selbst zu essen.

Während du noch damit beschäftigt bist, das Stück Schokocremetorte aufzufuttern, legt sie dir bereits ein zweites auf und lässt das eigene, unangetastete, dezent unter dem Tisch verschwinden. Hebt sie bisweilen tatsächlich die Silbergabel an die makellos geschminkten Lippen, kannst du darauf wetten, dass sie nur Minuten später auf die Toilette rennt. Die Appetit-Animateuse verweigert sich die eigenen Gelüste und spielt mit den deinen. Sie weiß, dass ihr Appetit ihren Untergang bedeutet, und so sorgt sie dafür, dass ihr Appetit der deine wird.

Dieser als Freundschaft getarnte Konkurrenzkampf ist so alt wie die Menschheit, aber die Frau des einundzwanzigsten Jahrhunderts hat ein neues Spielfeld entdeckt: den Diätwettlauf. Dieser hindert uns daran, echte Freundschaften aufzubauen, mit uns selbst in Einklang zu kommen und unsere Kraft für Sinnvolleres einzusetzen. Er wird zu Hause geführt, in der Schule und am Arbeitsplatz.

Die Spielregeln sind denkbar simpel: Wer teilnehmen will, muss weiblich sein, und Sieger ist, wer am meisten abnimmt. Legst du an Gewicht zu, verlierst du zwar diese eine Runde, scheidest aber nicht aus, denn schon im nächsten Durchgang heißt es wieder: neue Chance, neues Glück. Meine Freundinnen und ich kämpften im Diätwettlauf eine Runde nach der anderen; eine halbe Schlankheitskur hier, drei Stunden Aerobic dort. Vor dem Sommer dann wurde es gewöhnlich ernst: Es ging in die Zielgerade. Das Ziel war, alle Diätgeheimnisse zu kennen und das Rennen als dünnste zu gewinnen.

»Und da laufen sie wieder: Muskeln-wie-ein-Mann-Mary ist als Erste aus dem Startblock, dicht gefolgt von Ich-esse-heute-nichts-Irene, doch Ein-Salat-am-Tag-Susan holt an der Hundertmetermarke auf. Die Startnummer zwölf, Hungere-dich-hohlwangig-Harriet, legt eine Stärkungspause ein ... Dünn-wie-eine-Bohnenstange-Belinda ist zurückgefallen; Muskeln-wie-ein-Mann-Mary führt immer noch mit knapp zwei Zentimetern. Ein-Salat-am-Tag-Susan kann nicht mehr mit der Spitzengruppe mithalten und macht Gib-mir-die-Gabel-Gail die Bahn frei, die jetzt in die Spitzengruppe drängt. Ich-esse-heute-nichts-Irene hat Probleme, ihren Platz zu halten. Beim Einlauf in die Zielgerade liegt Gib-mir-die-Gabel-Gail auf einer Höhe mit Muskeln-wie-ein-Mann-Mary – Muskeln-wie-ein-Mann-Mary und Gib-mir-die-Gabel-Gail machen das Rennen unter sich aus ... aber nein, da hat sich Keine-Kalorie-zuviel-Carol aus dem Verfolgerfeld gelöst, holt auf ... und ... ja, das Zielfoto zeigt es klar: Keine-Kalorie-zuviel-Carol siegt um ein Kilojoule vor Muskeln-wie-ein-Mann-Mary. Gib-mir-die-Gabel-Gail wird Dritte, und weit abgeschlagen folgen ...«

Ist dir einmal aufgefallen, wie eine Frauenclique reagiert, wenn eine von ihnen mehr als ein Kilo abnimmt? Alles löchert sie: »Wie viel hast du abgenommen? Wie hast du das geschafft? Was hast du gegessen? Was ist dein Geheimnis? Welches Klistier hast du benutzt?« Notizblöcke werden gezückt in der Hoffnung, dieses Mal wirklich und auf Dauer zwei Konfektionsgrößen zu schrumpfen, und zwar in allerhöchstens einer Woche.

Hör dir dieselben Frauen eine Stunde später an, wenn sie ihren Magermilch-Cappuccino schlürfen und sich mit Schokoladentorte voll stopfen: »Das Gewicht hält die nie.« »Jemand hat erzählt, sie sei Bulimikerin.« »Nein, das ist, weil Jonathan sie wegen einer anderen verlassen hat.« »Sie nimmt Kokain, das sieht man an ihrem Blick.« »Ihre Rippen stehen richtig raus, widerwärtig.« »Ich habe gehört, sie ist lesbisch, ist noch etwas Kuchen da?«

Während meiner Amtszeit als Präsidentin der Diätmiliz gönnte ich mir einmal einen Strandurlaub. Meine Diätgefährtin Andrea hatte ein geräumiges Apartement für uns gebucht, mit allem Drum und Dran und Blick aufs Meer. Doch während ich Nikes, Radlerhose und Pulsmesser in meinen Schrank schichtete, packte Andrea Stöckelschuhe, Paillettenkleider und seidene Dessous aus. Wir hatten offenbar recht unterschiedliche Vorstellungen von unserem Urlaub.

Andrea verbrachte den ersten Tag damit, die örtlichen Nachtclubs, Bars und Restaurants auszukundschaften, während ich mich mit dem Besitzer des Reformhauses anfreundete, den Fitnessraum einer gründlichen Inspektion unterzog und bei einem Fünf-Kilometer-Strandlauf schwitzend die Lage sondierte. Ich bereitete uns ein Frühstück aus kontrolliert biologischen Haferflocken zu, lehnte strikt jeden Alkoholgenuss ab und bestand darauf, dass auch Andrea die lackierten Finger von Drinks und Cocktails aller Art ließ. Als ich eines Morgens aufwachte und Andrea und einen fremden Mann sambucco-umnebelt auf der ausgeklappten Couch entdeckte, war ich am Boden zerstört.

Sie hatte mich im Stich gelassen. Sie hatte es gewagt, auszugehen, gegen die Regeln zu verstoßen, sich zu amüsieren, Alkohol zu trinken, Chips zu knabbern und sich eine heiße Liebesnacht zu gönnen. Wie hatte sie mir das nur antun können? Jetzt war ich ganz allein auf mich gestellt. Nur ich, mein hundertprozent naturreines Müsli und meine Hüfthose Größe 36. Als Präsidentin der Diätmiliz hatte ich versagt – ich hätte sie unter Hausarrest stellen müssen. Meine Diätgefährtin hatte Fersengeld gegeben, sie hatte sich einfach abgesetzt und königlich amüsiert. Ich neidete Andrea ihre Stöckelschuhe und gönnte ihr ihre Wodkas nicht, weil sie sich zu tun traute, wovor ich eine Heidenangst hatte: Sie hatte sich gehenlassen und Spaß gehabt.

Aber es waren nicht nur die Schlankheitskuren, die mich mit meinen Freundinnen verbanden. Auch Fressorgien, Drogenkonsum, Einkaufsbummel und Männer schmiedeten uns zusammen. Wir trafen uns auf einen Drink (meist wurden es natürlich mehrere) oder Drogen, zum Essen oder zu Psychotherapiesitzungen aus zweiter Hand, hatten aber auch keine Skrupel, der noch gestern besten Freundin den Lover auszuspannen.

Meine Single-Freundinnen und ich machten jeden Samstagabend die Stadt unsicher. Wir betraten eine Bar als Kumpel, stritten uns erbittert um jeden gut aussehenden Mann, und diejenigen, die solo übrig blieben, verbündeten sich am Ende wieder. Die Sonntage wurden dann mit stundenlangen Lagebesprechungen am Telefon verbracht, an jedem Ende der Strippe eine Familienpackung Eiscreme und mindestens zwei Pizzen. Der Fernseher lief toujours durch, Vorhänge und Haustür blieben geschlossen.

Wer beim Diätwettlauf sein Gesicht wahren will, muss sich dem Gruppenzwang beugen und schlank und schön sein (oder dieses zumindest anstreben). Nie würden wir zugeben, dass es einfach hart ist, fünf Tage die Woche zu malochen, fünfundzwanzig Windeln zu wechseln und das Badezimmer frei von Schimmel zu halten, aus Angst, eine Mitstreiterin würde es uns als Schwäche auslegen. Es ist hart genug, am Ende einer Zehnstundenschicht zu lächeln, von perfektem Makeup, unverschmierter Wimperntusche und nicht abgegessenem Lippenstift ganz zu schweigen. Es ist schwer genug, acht Stunden lang vor einem Monitor zu sitzen, auch wenn man währenddessen nicht den eigenen Hintern im Spiegel wachsen sieht. Aber all das würden deine Mitstreiterinnen niemals zugeben.

Schlankheitskuren haben nichts mit Männern zu tun. Es geht einzig und allein um andere Frauen. Ich bin eine Feministin, die die Frauen hasst. Heute wenigstens. Hey, manchmal würde ich sie am liebsten auf den Mond schießen. Bisweilen ertrage ich es nicht einmal, sie in der Nähe zu haben. Das Problem ist, dass ich so viel Zeit damit zugebracht habe, mich mit ihnen zu messen, dass ich nicht mehr weiß, wie ich eine gesunde Beziehung zu ihnen aufbauen soll. Aber nicht die Frauen stoßen mich ab; es ist meine Reaktion auf sie. Ich fühle mich nicht mehr als Feministin, wenn ich auf einer Party jeden weiblichen Neuankömmling einer kritischen Musterung unterziehe. Ich inspiziere ihren Körper, suche nach Pickeln, einem vorstehenden Bauch, einem einschneidenden Slip oder

BH oder einfach einem dicken Hintern – irgendeinem Makel, an den ich mich klammern kann, der mir das Gefühl gibt, besser zu sein, und meine Position in der Gruppe sichert. Ich fühle mich bestimmt nicht als Feministin, wenn ich mich insgeheim freue, wenn eine Frau aus meinem Bekanntenkreis Kummerspeck ansetzt, weil jemand aus ihrer Familie gestorben ist, weil ihr jemand den Mann ausgespannt oder sie ihren Job verloren hat. Und ganz gewiss fühle ich mich nicht als Feministin, wenn ich voller Stolz meine frisch heruntergehungerte Figur in der Entbindungsklinik zur Schau stelle, wo ich einer Freundin zur Geburt ihres Babys gratuliere.

Ich hasse Frauen, die sich an meinen Mann heranmachen. Ich kann Frauen nicht ausstehen, die ihre Großmutter verkaufen würden, um sich den (zugegeben klasse aussehenden) Typen dort in der Ecke zu schnappen. Ich bin mit Leib und Seele Feministin, kämpfe mit allen Mitteln für die Gleichberechtigung, und trotzdem koche ich vor Wut, wenn ich auf einer Party nicht die am besten angezogene Frau bin.

Dreizehnjährige Girlies mit Pfirsichhaut, kurzem Rock und unschuldigem Blick machen mich krank.

Ich verabscheue Magersüchtige. Ich möchte sie schütteln und ihnen sagen, sie sollen zunehmen. Ich möchte ihnen klarmachen, dass die Schlabberklamotten nichts verbergen (da bin ich Expertin!). Und Magersüchtige, die sich in Lycra kleiden, möchte ich anschreien, sie sollen endlich erwachsen werden, die Verantwortung für sich übernehmen. Ich möchte ihnen sagen, dass sie mit ihrem pathetischen Märtyrertum aufhören sollen. Neben einer Magersüchtigen komme ich mir vor wie ein See-Elefant; ich habe das Gefühl, sie betrachten meinen Speck als Zeichen von Faulheit, Schludrigkeit und

Mangel an Selbstbeherrschung. Sie erinnern mich an mich selbst, und ich ertrage es nicht, Augenzeuge ihrer Selbstzerstörung zu sein.

Früher war ich bekannt dafür, mich an den Schwächen anderer zu ergötzen und zu freuen, wenn sie die ersehnte Stellung oder Wohnung nicht bekamen oder sich ihr Traumauto nicht leisten konnten. Gott sei Dank, seufzte ich erleichtert, sie haben mich nicht überflügelt, ich habe noch Zeit. Dann wieder übermannten mich massive Schuldgefühle, und ich bot ihnen meinen Job, meine Wohnung oder mein Auto an. Ich schaffe es nicht, meine Frau zu stehen und dankbar anzunehmen, was verdientermaßen mir gehörte, und alles andere zu teilen. Ich rege mich auf, wenn Frauen weniger verdienen als Männer, noch mehr aber rege ich mich auf, wenn meine Freundinnen mehr Geld einstreichen als ich.

Nicht die Männer sind es, um die ich mir Gedanken mache, wenn der Bund meines Hüftrockes auf der Taille sitzt. Es sind die Frauen, meine Freundinnen, Arbeitskolleginnen – was werden sie sagen? Ich weiß, dass sie sich dazu äußern werden, dass sich mich mustern, überschlagen, wie viel ich wohl zugenommen habe, und mir süßlich lächelnd erzählen werden, wie fantastisch ich doch aussehe. Ich weiß, dass sie lügen, denn ich spüre ihre Blicke auf meinem Hintern, wenn ich zur Bar hinüberwatschle, mir den nächsten Drink hole. Ich weiß, dass sie sich hinter meinem Rücken das Maul über mich zerreißen.

Früher war ich nicht besser als die männlichen Chauvinisten auf einer Baustelle und nahm jede Frau, die meinen Weg kreuzte, abschätzig in Augenschein. Allerdings gaffte ich nicht nach Rundungen und Kurven, sondern suchte vielmehr nach sichtbaren Makeln, einem einschneidenden Slip, einer wab-

beligen Speckfalte oder Fettröllchen über dem BH. Ich be-
äugte das Angebot der Konkurrenz, wertete, was gut aussah
und was nicht, und wurde mit meinem anmaßenden Urteil
zur Verräterin am gesamten weiblichen Geschlecht.

In einer Familie mit vier weiblichen Mitgliedern lernte ich
schon früh, wie man Frauen glücklich macht. Beim Shopping
nach dem flippigsten Kleid, pyramidalen Pantöffelchen, dem
neuesten Makeup und knackigen Hüfthosen ging es schon
immer darum, sich für andere Frauen hübsch zu machen,
nicht für Männer. Die abgehungerten Pfunde, die Diäten, die
Stunden im Fitnessstudio – was zählt ist nur, dass man schlanker, glamouröser, eben einfach besser aussieht als die Frau auf
dem Stepmaster neben einem. Erzähl einer Frau, sie habe abgenommen, und du hast eine Freundin fürs Leben; lass durch-
blicken, sie hätte das eine oder andere überflüssige Pfund zugelegt, und du kannst zusehen, wie sie die Krallen ausfährt.

Ich habe mir als Freundinnen immer Frauen ausgesucht, die
extrem waren: extrem machthungrig, extrem freigebig, extrem
unselbständig, extrem aufmerksamkeitsbedürftig; Frauen, die
extrem soffen, extrem fraßen, sich extrem kasteiten, einen
extremen Männerverschleiß hatten ... dass sie ein Spiegelbild
meiner selbst waren, darauf wäre ich freilich nie gekommen.
Indem ich mit diesen Frauen um den ultimativen Körper, den
ultimativen Mann, den ultimativen Job, die ultimative Einladung und die ultimative Wohnung wetteiferte, hielt ich mich
selbst davon ab, das ultimative Leben zu genießen.

Gab eine meiner Freundinnen mir einen Korb, weil sie mit
einem Mann ausgehen wollte, war ich nicht nur beleidigt,
sondern schäumte vor Wut und Verbitterung. Ich erwartete
von jeder, dass sie – wie meine Mutter – rund um die Uhr für

mich da war, auf Abruf bereit stand, mir bei jeglichem Kummer das Händchen hielt, mich von vorn bis hinten bediente. Wagte es eine, ihr eigenes Leben leben zu wollen, stampfte ich mit dem Fuß auf, zeigte ihr die kalte Schulter und bestrafte sie für ihre Treulosigkeit, ihren Verrat. »Es ist erniedrigend, wie sie für diesen Kerl alles stehen und liegen lässt. Sie hat ja überhaupt keinen eigenen Willen mehr. Seit sie mit ihm zusammen ist, habe ich nichts mehr von ihr gehört. Aber sie ruft garantiert an, wenn er sie fallen lässt. Sie ist ja so unselbständig. Sie hat abgenommen. Wahrscheinlich isst sie nichts. Aber das geht bestimmt nicht lange.« Ich hätte mich selbst nicht treffender beschreiben können.

Natürlich ist es eine Sache, sich am Unglück seiner Mitmenschen zu weiden, und eine andere, Zeuge des Niedergangs des wahrhaft schönen Girls und ihres PKs zu werden. Das kratzt am Image, an das wir uns klammern, wenn wir die Hochglanzmagazine an der Supermarktkasse durchblättern. Jene mageren Hippen mit Paillettenkleidchen, perfektem Gebiss und perfektem Leben bestimmen unsere Gefühle und Gedanken, wenn wir ebenso geschmacks- wie fettarme Milch, Diät-Cola, Stangensellerie und ein Megapack KitKat aus unserem Einkaufswagen auf das Laufband packen. Stell dir den Horror und das weltweite Mitgefühl vor, wenn der Glamour einer dieser wunderschönen Frauen einen Sprung bekäme.

Aber seien wir ehrlich: Ich blühte förmlich auf, als Kate ihren Glanz verlor, ein Fotograf Grübchen an Demi Moores Oberschenkeln entdeckte, und jedes Mal, wenn ein Kerl Gwyneth den Laufpass gibt, kriege ich einen Orgasmus. Ich träume davon, dass Courtney Cox eine Therapie gegen zwanghafte Fresssucht macht, und ich würde alles darum geben, könnte ich dabei zuschauen, wie die Fernsehblondinen reihenweise auf ihre Aerobic-Ärsche fallen.

Warum? Weil ich niemals in solchem Glamour strahlte. Meine Oberschenkel gleichen einer Kraterlandschaft, ich wurde öfter abserviert als Gwyneth sich ein warmes Abendessen gönnte, und von dem Geld, das ich für Therapiesitzungen hinblätterte, hätte ich mir einen neuen Kleinwagen kaufen können.

Ich kann Frauen im Fernsehen, denen ich nie begegnet bin, nicht leiden, nur weil sie abgenommen haben. Ich hasse Frauen, die ich nicht kenne, nur weil sie genügend Selbstdisziplin haben, sich nicht ständig den Bauch voll zu schlagen (den eigenen Fünfzigtausend-Dollar-im-Jahr-Fitnesstrainer und den Vollzeit-Diätkoch wollen wir an dieser Stelle unerwähnt lassen). Warum kann *ich* das nicht? Schaue ich auf die Hand voll übergewichtige Film- und Fernsehstars, keimt in mir eine gewisse Hoffnung, und ich versuche mir einzureden, dass auch ich bezaubernd aussehen, Karriere machen, einen Lover haben und verdientermaßen lachen kann – aber dann nehmen sie ab, und ich fühle mich wieder im Stich gelassen. Schande auf dein Haupt, Sophie Dahl. Wie konntest du nur, Roseanne?

Ich würde viel Geld zahlen, um Melanie Griffiths' Lippen platzen, Madonnas Hintern wabbeln und Jennifer Anistons Haar ausfallen zu sehen. Wenn es um Promis geht, kenne ich kein Erbarmen. Ich fühle nicht die geringste Verpflichtung, ihnen zur Seite zu stehen oder für sie auf die Straße zu gehen, wo sie mir bei meinem ureigenen täglichen Kampf in der Küche doch auch keinerlei Hilfestellung geben. Je dünner sie werden, je mehr sie ihren Hunger ignorieren, desto mehr komme ich mir verraten und verkauft vor.

Es ist nicht leicht, in dieser Welt in die Rolle einer glamourösen Barbiepuppe zu schlüpfen, wenn man sich wie Aschenputtel fühlt, immer auf Zehenspitzen, immer lächelnd, immer keck und kess. Es tut weh, ständig auf den Zehenspitzen zu stehen.

Als ich siebzehn war und magersüchtig, da kam ich mir vor wie eine Puppe – steif, angemalt, hohl. Ich hatte dem Glück, das Barbie und ihr Anhang boten, vertraut, hatte dem Versprechen der Diätgurus geglaubt, die Liebe, Glück und Wohlstand verhießen, und ich war bitterlich enttäuscht, als all das ausblieb. Ich fühlte mich betrogen. Ich war dünn, synthetisch und glamourös, und ich verweigerte jede Nahrung, bis ich zu einer lebenden Marionette wurde, einer hohlen Karikatur des Covergirls, das zu sein ich anstrebte.

Ich klinge schon fast wie Adam und gebe Eva die Schuld an all meinen Problemen, anstatt selbst die Verantwortung für meinen unersättlichen Hunger nach Liebe und Aufmerksamkeit zu übernehmen. Aber, verdammt, ich habe Hunger, und ich will alles. Ich will leben wie eine Märchenprinzessin – welches Girl will das nicht? Ich will all die sensationellen Jobs, die schicken Designerklamotten, Einladungen zu allen In-Partys, und ich will, dass Millionen Augenpaare weltweit auf mich gerichtet sind, so dass ich mich in ihren bewundernden Blicken sonnen kann. Und ich will – aber das natürlich nur ganz unter uns –, dass niemand anderes dies alles bekommt außer mir.

Viele Jahre lang habe ich versucht, eine Barbiepuppe zu werden, nahm mir vor, dieses Mal, heute, positiv und glücklich zu sein und ein strahlendes Selbstbewusstsein an den Tag zu legen. Selbstredend hielt dies bestenfalls bis zum Spätvormittag an, wenn ich genervt meine Seidenstrumpfhose auszog, den Mann verfluchte, der die Pfennigabsätze erfunden hat, und mir zum x-ten Male den vom Dauerlächeln strapazierten Chanel-Lippenstift von den Schneidezähnen wischte. Ich nippte an meinem Diät-Cola und träumte von einem Marsriegel. Ich schlenderte durch die Flure, mein schwarzes Ich-bin-ja-so-gefragt-Filofax unterm Arm, meinen nicht vorhandenen Bauch eingezogen, und machte während der Teambesprechung isometrische Übungen für Schenkel und Po. Aber das alles brachte nichts. Irgendetwas störte mich (außer der lästigen Nylonstrumpfhose). Ich musste etwas ändern. Ich konnte mich nicht auf ewig halb zu Tode hungern.

Ich hatte keine Ahnung, wie ich mit meinem Appetit umgehen sollte, war nicht fähig, ein normales Maß zu finden, so viel zu essen, wie mein Körper zu seiner Zufriedenheit brauchte, und es damit gut sein zu lassen. Immer musste ich über das Ziel hinausschießen. Mein Hunger wurde ständig unterdrückt, und wenn ich ihm einmal nachgab, dann gleich richtig. Dann grabschte ich nach dem größten Stück des Kuchens.

Als ich dann endlich lernte, meinem Hunger nachzugeben, wenn er sich meldete, und ihn nicht konstant zu verdrängen, da merkte ich, dass mein Körper gar nicht so viel wollte und brauchte, dass mich gar nicht nach so viel verlangte, wie ich mir zu nehmen versucht hatte. Aber für die Erschaffung dieser meiner eigenen Welt brauchte ich weit mehr als die sieben Tage, die Gott an seiner Welt gebastelt hat.

Prominent und abserviert

Wie es mir geht? Oh, einfach fantastisch. Könnte besser nicht sein. Ja, ja, das bin ich, die du im Radio gehört hast. Ach, du hast mich auch im Fernsehen gesehen? Und in der Zeitung? Wahrscheinlich im Gesellschaftsteil, mit meinem neuen Freund. Ja, er ist berühmt. Danke, ja, ich halte mein Gewicht jetzt schon eine ganze Reihe von Jahren. Dank der Privattrainer, die leisten ganze Arbeit. Ja, ich trage nur noch die neuesten Entwürfe von unserem Top-Designer, Schätzchen, sieht toll aus, nicht? Und der Kameramann rückt es auch ins rechte Licht. Meine Bräune? Ach, ich bin gerade erst aus Thailand zurück. Die Illustrierte? Ach, der kleine Artikel, ironisch gemeint, natürlich. Das Schlafzimmer ist grandios, nicht wahr? Ja, mit Blick aufs Meer – das heißt, genau genommen auf den Hafen natürlich. Wunderbare Aussicht am Morgen. Wie es mir geht? Prächtig. Aber jetzt muss ich los, ich habe um zehn einen Fototermin, um eins ein Essen mit meinem Agenten, um drei muss ich zu Außenaufnahmen und um sechs schon wieder im Studio sein. Ciao, ciao!

Wie es mir geht? Oh, einfach fantastisch. Könnte besser nicht sein. Nein, nein, beim Radio bin ich nicht mehr. Ja, ja, ein kleines Skandälchen, aber sowas kommt in unseren Kreisen ja häufig vor. Ja, ja, doch, beim Fernsehen arbeite ich noch. Nein,

nein, ich gehe jetzt wieder ins Fitnesscenter. Die Privattrainer sind mir ein bisschen zu bossig geworden. Das kleine Schwarze? Aus der Kollektion vom letzten Jahr, aber erzähl das bloß nicht weiter. Die Bräune? Solarium, Schätzchen, das wirkt Wunder für den Teint. Ja, ja, ich bin noch mit ihm zusammen. Du hast ihn gesehen? Wo? Mit wem? Nein, nein, das muss seine Schwester gewesen sein. Blond, sagst du? Nein, ich hatte den Hafenblick satt, ich mag es jetzt lieber ruhiger, weniger spektakulär, weißt du. Man ändert sich. Das Alter, haha. Und dann das ewige Rasenmähen. Nein, nein, ich habe jetzt eine kleine Drei-Zimmer-Wohnung ohne Garten. Wie es mir geht? Prächtig. Aber jetzt muss ich los, ich habe um drei einen Termin mit einem potenziellen neuen Agenten. Ciao, ciao!

Wie es mir geht? Oh, einfach fantastisch. Könnte besser nicht sein. Nein, nein, ich habe das Mädchen, das meine Radiosendung jetzt macht, noch nicht gehört. Aber besonders toll soll sie nicht sein, ein bisschen zu jung wahrscheinlich. Fernsehen? Da hab ich aufgehört, es ist klüger, wenn man sich etwas rar macht. Man kann einfach nicht vorsichtig genug sein. Das alte Ding? Ein uraltes Promo-T-Shirt, das ich eigentlich nur daheimrum anziehe. Du weißt ja, wie das ist, ich wollte bloß schnell Milch kaufen, hatte nicht gedacht, dass mich jemand sieht. Ja, ein paar Kilo, aber die sind bis zum Sommer wieder runter, und da bin ich dann auch wieder braun. Mein Freund? Nein, nein, wir haben uns getrennt. Er wollte sich nicht auf Dauer binden ... aber ich hatte natürlich auch nie etwas Längerfristiges im Sinn, es hat also wunderbar gepasst. Nein, nein, ich bin überhaupt nicht traurig darüber. Jobmäßig? Oh, da sind jede Menge Angebote, aber ich brauche einfach mal etwas

Zeit für mich, der Termindruck wurde einfach zu groß. Wie es mir geht? Prächtig. Aber jetzt muss ich los, um vier habe ich einen Termin mit der Bekannten einer Bekannten, wo ich vielleicht zur Untermiete einziehen kann. Ciao, ciao!

Wie es mir geht? Oh, absolut fantastisch. Ich stinke. Habe seit vier Tagen nicht mehr geduscht. Komme nicht aus dem Bett. Wenn ich meinen Arm heben will, passiert gar nichts. Ich habe es so satt. Und habe solchen Hunger, komme aber einfach nicht hoch. Essen. Was ich im Kühlschrank habe? Käse, Eiscreme, Schokotorte. Ach nein, habe ich ja gestern alles niedergemacht. Ich komme einfach nicht aus den Federn. Dabei müsste ich einkaufen. Mist. Meine Oberschenkel, mein Bauch, mein Arsch, alles hängt über die Bettkante. Leere Schachteln und Tüten neben der Koje, Krümel unter der Decke und auf dem Kopfkissen. Es ist einfach widerwärtig. Ich sterbe vor Selbstmitleid. Komme nicht aus den Federn. Ich strotze vor Dreck, schaler Geschmack im Mund (wann habe ich mir das letzte Mal die Zähne geputzt? Vorgestern?), Haare strähnig und fett. Schuppen, Pickel, Zahnbelag. Wie viel Uhr ist es? Ich komme nicht hoch. Ich bin so elend dran, so arm. Fett, verdammtes Fett. Die Wäsche liegt seit letzter Woche in der Maschine, ich komme einfach nicht aus dem Bett. Ich höre meine Mitbewohnerin unter der Dusche, jetzt trällert sie auch noch, blöde Zicke. Beeil dich und verschwinde. Ich will mit meinem Elend allein sein. Unrasierte Beine, stinkende Achselhöhlen, überall juckt es, halb abgeblätterter Nagellack. Schlafen, ich muss noch ein bisschen schlafen. Das Telefon klingelt, wahrscheinlich jemand von der Arbeit. Verpisst euch, ich komme heute nicht. Die Pizzareste von gestern Abend sind

164

noch im Mülleimer. Ich könnte die Zigarettenasche abwischen und sie aufbacken. Die Tür fällt ins Schloss. Ist die Mitbewohnerin endlich fort! Ich komme nicht aus dem Bett. Heul, schluchz, schmerz. Ich bin ja so furchtbar arm dran. Helft mir doch, irgendjemand muss mir doch helfen. Wie es mir geht? Prächtig, prächtig. Aber jetzt muss ich los, ich habe in fünf Minuten einen Termin mit dem Kühlschrank. Ciao, ciao!

Wie es mir geht? Ich bin berühmt, weiß du. Nun ja, okay, es ist eine Weile her. Aber du erinnerst dich bestimmt an mich. Ich bin die mit der Abendsendung im Radio. Nein, nicht mit dem Wetterbericht. Wahrscheinlich warst du in dem Jahr nicht hier. Ich habe Janet Jackson kennen gelernt. Nein, nicht ihren Bruder. Du musst dich doch an mich erinnern, ich war berühmt, weißt du. Nein, ich kann dir kein Ticket zu dem Konzert besorgen. Klar kannst du meinen Namen benutzen, aber kein Mensch kennt mich mehr. Ciaoooo...

Ein gewisser lokaler Bekanntheitsgrad verhalf mir zu der Prominenz, die ich mein ganzes Leben lang gesucht hatte.

Nach meiner Rückkehr aus London arbeitete ich bei einer australischen Plattenfirma, bis man mir einen Job als Rundfunkansagerin anbot. So kam ich endlich ins heiß ersehnte Rampenlicht. Ich schwelgte in der Aufmerksamkeit, die mein neues öffentliches Ich erhielt, und mein Ego blähte sich auf vor lauter Stolz. Schaut mich an, ich bin ja soooo bedeutend!

Als Co-Moderatorin einer Abendradiosendung wurde ich mit Fanpost geradezu überschwemmt; die meisten Briefe kamen von Teens, die verrückt waren auf Take That, Boyzone und die Spice Girls. Ich interviewte internationale Rockstars in ihren Hotelzimmern, dinierte mit Filmgrößen und besuchte Premieren. Alle umwarben mich: die Schallplattenfirmen, die wollten, dass ich ihre Songs spielte, die Filmleute, die wollten, dass ich Werbung für ihre Streifen machte, die Fernsehstars, die auch mal im Radio zu Wort kommen wollten, die Knaben an der Bar, die jemand Berühmtes kennen wollten. Alles drehte sich um mich, und mein Ego blühte auf. Ich definierte mich durch meinen Job und sorgte dafür, dass auch wirklich alle Welt erfuhr, wer ich war, was ich tat und wen ich alles kannte.

Vom Radio zum Fernsehen war es nur ein Schritt, und ich sog die zusätzliche Aufmerksamkeit auf wie ein trockener Schwamm. Meine Stellung als Fernsehmoderatorin brachte den Kontakt zu Maskenbildnern, Stylisten, Kameraleuten, Produzenten und Publizisten mit sich. Ich hatte von jeder Sorte einen, und mein Gott, was kam ich mir wichtig vor. Ich rieb meine mäßige Berühmtheit allen unter die Nase, die nicht so bekannt waren, und sonnte mich in ihrem Neid. Endlich hatte ich, wofür ich schon auf dem Pausenhof so hart gekämpft hatte.

Ein Job im Rampenlicht brachte Einladungen zu fantastischen Partys mit sich, die kostenlose Mitgliedschaft in Fitnesscentern, Designerklamotten, kostenlose Drogen, kostenlose Mahlzeiten, freien Eintritt. Ich ging mit minderen Berühmtheiten aus und fand mein Konterfei wiederholt in der Regenbogenpresse. Ich lebte in einem Haus am Wasser und glaubte, es geschafft zu haben. Ich war mit einem Mann befreundet, der ein Cabrio fuhr, ich wohnte im richtigen Viertel, ich hatte berühmte Freunde und Geld und dachte, ich sei am Ziel meiner Wünsche angekommen. Rachael Oakes-Ash, der Radiostar. Rachael Oakes-Ash, TV-Moderatorin. Rachael Oakes-Ash,

Freundin der Stars. Rachael Oakes-Ash, gut gekleidetes Püppchen. Rachael Oakes-Ash, die mit dem tollen Haus und den verrückten Partys. Rachael Oakes-Ash, die mit dem grandiosen Lifestyle. Rachael Oakes-Ash, ich wünschte, ich wäre so wie sie.

Ich hatte geglaubt, eine hinreißende Figur, ein hinreißender Job, ein hinreißendes Haus und ein hinreißender Mann würden mir zu jenem hinreißenden Leben verhelfen, das mich ändern und zufrieden machen könnte. Doch als ich alles besaß, was ich mir erträumt hatte, war ich immer noch dieselbe. In meinem Kopf rieben meine Oberschenkel immer noch aneinander, ich war meinem jeweiligen Freund immer noch hörig, und ich lag immer noch im Wettstreit mit anderen angemalten Tussis in der frauenfeindlichen Welt des Fernsehens. Mit einem Blick über den Hafen aufzuwachen, bedeutete nichts, wenn der Mann, den man liebt, nicht bei einem ist. Ich hatte alles bekommen, was die Diäten versprachen. Einen tollen Mann an meiner Seite, die spektakulären Klamotten und Einladungen zu allen In-Partys. Doch anders als die »Nachher«-Fotos in der Werbung trug ich kein glückliches Lächeln im Gesicht.

Während bei der Radio Musikstücke liefen, rannte ich zum Kühlschrank des Senders und verschlang Promo-Kuchen und Sandwiches. Live auf Sendung, bat ich um eine Pizza, und binnen weniger Minuten wurden fünf Stück angeliefert. Ich hielt mein Gewicht dank kostenloser Fitness-Mitgliedschaften, kostenloser Rollerblades und kostenloser Trainerstunden. Als die Politik der Sendeleitung meine Radioshow zu beeinträchtigen begann, verlegte ich meine Vorbereitungen in das Restaurant des benachbarten Einkaufszentrums und stärkte meine grauen Zellen mit paniertem Fisch.

Bevor ich vor die Kamera trat, machte ich im ganzen Studio Terror: Filmt mich ausschließlich von links, das ist meine Schokoladenseite. Läuft diese Kamera schon? Ich darf auf gar keinen Fall von hinten zu sehen sein!

Um fit zu bleiben, suchte ich mir eine persönliche Ernährungsberaterin, die mich auf eine organische Entgiftungsdiät setzte. Nun mümmelte ich milchlose weizenlose eilose Kekse und überwachte mit Argusaugen, dass mir ja niemand richtige Kuhmilch unterjubelte: Ist das in meinem Cappuccino auch tatsächlich Sojamilch?

Dann verlor ich meine Stelle beim Radiosender.

Arbeitslos, neunundzwanzig, depressiv und fünfundfünfzig Kilo leicht, mit straffen Schenkeln und flachem Bauch, besuchte ich mit Freunden einen eleganten Ball. Ein schulterfreies Kleid lenkte die Blicke der Männer auf mich, während ich durch den Saal schlenderte. Ich suchte die Aufmerksamkeit, aber ich fühlte mich nicht wohl in meiner schlanken Haut und trank, um die Hitze zu verdrängen, die ich anzog. Ich war einsam, aber anstatt mich meiner Einsamkeit zu stellen, suchte ich verzweifelt nach etwas, was mich ablenkte. Ich fand es und verbrachte die Nacht in seinem Bett.

Als ich in den Armen dieses Mannes aufwachte, fühlte ich mich weder besser noch schlechter. Ich fühlte gar nichts. In meiner Verzweiflung hatte ich alle Verantwortung von mir gewiesen und ungeschützt mit einem Fremden geschlafen. Die nächsten zwei Wochen lief ich wie in Trance herum aus Furcht, mich mit HIV infiziert zu haben. Ich steigerte mich völlig in meine Angst hinein und suchte Trost in der Speisekammer. Ich war so dünn wie seit Jahren nicht mehr, aber ich konnte noch immer nicht mit meiner Figur umgehen.

In der Hoffnung, dass er negativ ausfiele, ließ ich einen Blut-test machen, und zwei Wochen später bekam ich das Ergebnis: Es war positiv – ich war schwanger. Jetzt war es nicht mehr möglich, die Folgen meines Handelns zu ignorieren. Ein Fetus entwickelte sich in meinem Leib. Ich wünschte mir Kinder, aber ich hatte mir immer eine richtige Familie vorgestellt, mit einem Mann meiner Wahl an meiner Seite. Ein schwangerer Körper, weitere zwei Monate Wartezeit, bevor ich einen defini-tiven AIDS-Test machen lassen konnte, und ein unstillbarer Heißhunger. So verbrachte ich meinen dreißigsten Geburtstag.

Ich meldete mich zu einer Abtreibung an und erwachte aus der Narkose mit dem Gefühl, neunzehn und vergewaltigt worden zu sein – eine Erinnerung, die ich längst erfolgreich verdrängt zu haben glaubte.

Ich ließ meinen Körper auf dem OP-Tisch zurück, wie ich ihn damals auf der Motorhaube meines Autos zurückgelas-sen hatte. Anschließend versteckte ich mich zu Hause, Vor-hänge zugezogen, alle Türen verschlossen. Tagelang beruhig-te ich mich und meinen nervösen Magen mit Kartoffelpürree und Eiscreme, altbewährten Trostspendern aus Kindheitsta-gen. Wie schon die Vergewaltigung, so behielt ich auch diese Erfahrung für mich. Ich hätte mich zu sehr geschämt, jeman-dem von meinem Fehlverhalten und den Konsequenzen zu erzählen.

In dem Jahr, in dem ich dreißig wurde, büßte ich alle Sym-bole ein, über die ich mich definierte. Mein Job beim Radio-sender war weg, als Nachrichtensprecherin wollten sie mich nicht, und überhaupt hatte man mir dort freundlich, aber mit Nachdruck die Tür gewiesen (durch die mein gar nicht mehr so aufgeblasenes Ego inzwischen leicht hindurchpasste). Es folgte der Job beim Fernsehen, wo mein Vertrag nicht verlängert wurde. Dann ließ mich mein Freund fallen, und mit ihm verlor ich meine Position als »und Begleitung« auf den zahlreichen glamourösen Einladungen, die er erhielt.

Und schließlich ging meine durchtrainierte Figur flöten, da ich mir keinen Privattrainer mehr leisten konnte. Auch die Designerklamotten, die natürlich bald nicht mehr passten, gingen dahin. Innerhalb eines Jahres futterte ich mich von Konfektionsgröße 36 auf 44 und sank vom Rang einer minderen Berühmtheit auf das Niveau einer Bürohilfskraft mit Laufmaschen in der Strumpfhose.

Sei's drum. Wir alle haben schon mal einen Job verloren und sind unzählige Male von Männern abserviert worden. Danke. Ich kenne den Spruch zur Genüge: »Kopf hoch, du findest bald eine andere Stelle. Und Wohnungen gibt es wie Sand am Meer. Mach eine Diät, dann wirst du dein Übergewicht los. Verkauf deine Designerklamotten, davon kannst du mehrere Wochen die Miete zahlen. Und vergiss die Zwanziger. Mit dreißig fängt das Leben doch erst richtig an!«

Ich musste mit vielen Verlusten fertig werden. Meine Wohnung aufgegeben, mein Job gekündigt, meine Figur im Eimer, meine Beziehung dahin, Freundschaften verkorkst und meine Finanzen ein heilloses Durcheinander. Als Folge davon führte ich all meine Obsessionen ad absurdum. Obwohl ich keinerlei Einkünfte mehr hatte, ergab ich mich dem Kaufrausch und überzog den Rahmen meiner Kreditkarte gleich mehrfach. Ich ertrug es nicht, allein zu sein, und hing stundenlang an der Strippe, was meine Telefonrechnung verdreifachte. Ich stahl und fraß die Lebensmittel meiner Mitbewohnerin und kotzte sie im Bad wieder aus.

Ich hatte keine Ahnung, wer ich eigentlich war. Meine Lebenslüge – dass ich ein froher, erfolgreicher, schlanker, vergnügter Mensch war – ließ sich nicht länger aufrechterhalten. Ich versuchte abzunehmen und stopfte mich stattdessen immer noch voller. Ich versuchte es mit Alkohol, wurde davon aber noch depressiver. Ich versuchte einzukaufen und rannte beschämt aus dem Geschäft, wenn meine Kreditkarte nicht akzeptiert wurde. Zum Schluss versuchte ich es mit einer Therapie, funkte SOS in der Hoffnung, die Couch des Therapeuten könne meinen Fall auffangen. Ich brachte es fertig, jede Woche hinzugehen und mein Unglücklichsein zu beklagen.

Ich gab mich ganz meinen Depressionen hin, suhlte mich, schwelgte darin, genoss sie – und frass mich voll. Ich hasste mich dafür, dass ich depressiv war, und dieser Hass machte mich noch depressiver, was wiederum meinen Hass auf mich selbst steigerte.

Gleichzeitig sah ich mich in der Rolle des unschuldigen Opfers und entwickelte einen heillosen Zorn auf die ganze Welt, gab allen anderen die Schuld an meinem Niedergang. Meine Co-Moderatorin war schuld, dass ich meinen Job verloren hatte; mit meinen Temperamentsausbrüchen während der Live-Sendung hatte das gar nichts zu tun. Meine Mitbewohnerin war schuld, dass wir ausziehen mussten; damit, dass der Eigentümer verkaufen wollte, hatte es gar nichts zu tun. Sie alle waren schuld, dass ich ausging, mich besinnungslos betrank, mit fremden Männern ins Bett stieg und schwanger wurde.

Natürlich trug ganz allein ich die Schuld, weil ich nicht für mich selbst einstand. Indem ich vor der Realität davonlief und auch die Wahrheit – die Tatsache, dass ich mehr war als mein Job, mein Freund und meine Wohnung – nicht sehen wollte,

171

hatte ich mich selbst im Stich gelassen. In dem Versuch, der hohlen Hülle Gehalt zu geben, hatte ich ein Kind erschaffen und durch ungeschützten Sex mit einem Fremden meine Gesundheit, wenn nicht gar mein Leben aufs Spiel gesetzt.

Meine Fressanfälle uferten immer weiter aus. Kilopakete Schokoriegel, ganze Grillhähnchen und Familienpackungen Magnum-Eis aus dem Lebensmittelladen an der Ecke waren schon halb verschlungen, bevor ich die Wohnungstür hinter mir ins Schloss zog. Den Teufelskreis der bulimischen Fressattacken kannte ich, aber dieses Mal war es anders. Ich verspürte nicht das geringste Bedürfnis, mich der aufgenommenen Kalorien wieder zu entledigen. Ich verdiente es, dick zu sein, widerwärtig fett und faul. Ich ging völlig in meinem Selbstmitleid auf, das dreckige Geschirr stapelte sich in der Spüle, das Bett blieb ungemacht, und ich begann zu stinken.

Irgendwann war es so weit, dass mir nurmehr ein Rock, zwei Oberteile und eine Unterhose passten. Ich trug sie Tag für Tag. Einladungen zu Hochzeiten, Partys, Weihnachts- und Sylvesterfeiern schlug ich aus. Ich ging nicht ans Telefon und rief nie jemanden zurück. Ich hasste meine Freunde, meine Familie, meine Arbeitgeber. Ich starrte dünne, lächelnde Frauen an und hätte jede einzelne am liebsten erwürgt. Wie konnte es jemand wagen zu lächeln, wo es mir so dreckig ging!

Ich spielte ernsthaft mit dem Gedanken, dem allen ein Ende zu setzen, und begann Pläne für meine Trauerfeier zu schmieden. Vierzehn Kilo später diagnostizierten die Ärzte schwere Essstörungen verbunden mit einer reaktiven Depression. Ich fraß mich durch eine ganze Reihe von Antidepressiva, sprach in der Therapie von der Vergewaltigung und stopfte mich auf der Heimfahrt im Auto mit Süßigkeiten voll. Im meinen Depressionen blieb ich Kind und schob die Schuld an allen Unbilden, die mir widerfahren waren und widerfuhren, auf andere.

In dieser Zeit durchdrang kaum ein Lichtschimmer die Dunkelheit, die mich umgab, aber die Therapie schien zu helfen, und so ging ich bald zweimal die Woche hin. Noch nicht bereit loszulassen, hielt ich dennoch eisern an meinen Depressionen und Fressorgien fest.

Ich war süchtig nach meinem Elend. Ich hätte unentwegt schlafen können, unentwegt essen und unentwegt heulen, und die wenige Zeit, die dazwischen noch übrig blieb, verging mit Wutanfällen und weiteren Fressattacken.

Ich war schon einmal in einer ähnlichen Situation gewesen, in London, als Bulimikerin. Doch damals hatte mein Leben noch eine gewisse Struktur. Ich fraß zwar unablässig, aber ich kotzte oder nahm Abführmittel, um mein Gewicht zu halten, ich ging regelmäßig ins Fitnessstudio und in die Arbeit, und ich lebte in einer zwar destruktiven, aber doch relativ festen Partnerschaft. Dieses Mal war nichts von alledem der Fall.

An meinem einunddreißigsten Geburtstag legte ich den Hörer neben das Telefon, holte zwei Filme aus der Videothek, kaufte einen ganzen Karton Schokoladetafeln und ließ mir Thai-Essen ins Haus kommen. Es gab nichts, was ich hätte feiern können. Ich hing in einem Teufelskreis fest. Ich fraß, um die Miete zu vergessen, die ich nicht bezahlen konnte; ich fraß, um die Kleider zu vergessen, die mir nicht mehr passten, weshalb ich unmöglich zu einem Vorstellungsgespräch gehen konnte, das mir dazu verholfen hätte, das nötige Geld zu verdienen, um die Miete zu zahlen. Ich fraß, um zu vergessen, wie fett ich war, und weil mich mein Körperumfang daran hinderte, aus dem Haus zu gehen. Und so weiter und so weiter und so weiter.

Gab es einen Wendepunkt? Einen bestimmten Augenblick, in dem mir klar wurde, das ich etwas ändern musste? Eigentlich war es mehr eine Kette von Zusammenbrüchen, die mir letztlich keine andere Wahl ließen. Ich war damals nicht besonders schlau. Ich wartete solange, bis vieles, eigentlich alles zusammenbrach, bevor ich mich entschied, etwas dagegen zu unternehmen. Diese Entscheidung bedeutete, dass ich Verantwortung übernahm und nicht mehr alles auf andere schob. Aber es war so herrlich einfach, auf die ganze Welt zu schimpfen.

Ich kultivierte meine Depressionen, indem ich mich mit anderen verglich. Sieh an, sie fährt einen Saab, ich nicht. Oh, sie ist verheiratet und hat einen gigantischen Brilli am Finger, ich nicht. Kaum zu glauben, ihr Bauch ist so flach und meiner so fett. Ich bin hoffnungslos unattraktiv und ein Versager auf der ganzen Linie. Die böse, böse Welt ist an allem schuld, jammerte ich – wenn ich gerade einmal nicht den Mund voll hatte.

Schließlich, als mir überhaupt nichts mehr passte und ich mich eine Woche lang nicht mehr gewaschen hatte, merkte ich, dass es Zeit war aufzuhören. Die Aussicht, den Rest meines Lebens auf meinen Körper fixiert zu verbringen, Einladungen auszuschlagen, alles irgendwie Erreichbare aufzufuttern, mein Kopfkissen nass zu heulen – eine fette, kinderlose, arbeitslose alte Jungfer ohne Freunde –, verbunden mit der Erkenntnis, dass ich bereits fast dreißig Jahre damit verschwendet hatte, von meinem pathologischen Körperimage besessen zu sein und mich selbst nicht besonders zu mögen, sagte mir, dass es höchste Eisenbahn war, etwas zu ändern. Höchste Eisenbahn, Verantwortung für meine Handlungen zu übernehmen und einen Weg zu finden, mein Denken und Verhalten zu ändern.

Natürlich muss es nicht so ablaufen. Ich war süchtig nach Dramatik, nach Schmerz und Selbstmitleid. Man braucht nicht zu warten, bis man ganz, ganz unten ist, um auf den anerkennenden Blick der anderen zu verzichten, zu akzeptieren, dass man einen Durchschnittskörper hat und aufhört, daran zu glauben, dass einem der Perfekte Körper auch das perfekte Leben verschaffen wird. Ich bin ein Mensch der Extreme. Ich tue etwas ganz oder gar nicht, und das bedeutete auch, dass mein Weg zur Genesung voller Höhen und Tiefen war. So läuft das nun mal. Das sind die Spielregeln.

Jedenfalls gelobte ich mir, einen Weg aus dieser Figurbesessenheit zu finden, aber das hieß noch nicht, dass ich mein Bett verlassen hätte, und erst recht nicht, dass ich angefangen hätte, mich vernünftig zu ernähren und mich nicht mehr zu überfressen. Ich legte das Gelöbnis ab und begab mich wieder in die Waagerechte. Zwei Schritte vorwärts, zwölf Schritte zurück, so stolperte ich zurück ins Leben.

Zwölf Schritte, ein Pas de deux
und ein dreifacher Rückwärtssalto

An dem Tag, an dem ich meinen Job als Radiomoderatorin verlor, kontaktierte ich telefonisch eine Wahrsagerin und verbrachte anschließend Wochen damit, auf das verheißene Angebot aus Hollywood zu warten. Genau genommen warte ich heute noch.

Ich ließ von mittelalterlichen Männern in rotvioletten Gewändern die kosmische Energie meines Körpers bestimmen. Ich verbrannte indisches Räucherwerk, drückte Akupressurpunkte und meditierte täglich – bestimmt eine Woche lang. Ich begann, Tennis zu spielen und gab eine volle Monatsmiete für eine nagelneue Ausrüstung aus. Dann ließ ich Tennis Tennis sein und verlegte mich aufs Shopping. Ich kaufte ein Mountainbike und scheiterte daran, es unseren Hügel hinaufzuschieben. Ich probierte Kokain, Ecstasy und Trips. Dann wieder Kokain. Auf der Suche nach »mir selbst« wurde ich neurotisch, und der einzige Erfolg war, dass ich mich immer mehr mir selbst entfremdete.

An einem Punkt war ich überzeugt, die Lösung für alles sei »Entgiften«. Die Hollywoodstars taten es, die Illustrierten empfahlen es, und ich, die ich noch nie eine Mode ausgelassen hatte, ich tat es auch. Ich war besessen von dem Gedanken, alles Gift aus meinem Körper auszutreiben, und überzeugt,

176

davon eine reinere Seele, ein erfülltes Dasein und eine Figur zu bekommen, die wieder in Konfektionsgröße 36 passte.

Wenn ich nicht entgiftete, ging ich einkaufen. War ich nicht einkaufen, hing ich stundenlang am Telefon, hielt mich in Fitnessstudios, auf Partys oder Schönheitsfarmen auf, legte Tarot- oder Engelskarten, schluckte Abführmittel oder Ipecac-Sirup. Ich nahm an Wochenend-Wiedergeburts-Kursen teil, wo wir wie Babys plärrten, und übte in der Gruppe den Urschrei. Ich unternahm alles, um die Form meines Körpers und meine Umwelt zu ändern, um dann auf immer und ewig glücklich und zufrieden zu sein. Ich musste zwölf Schritte, einen Pas de deux und einen dreifachen Rückwärtssalto absolvieren, bevor ich mich in meinem eigenen Körper wohl fühlte.

Der Weg heraus aus einer Sucht, einer Obsession, gleicht dem Versuch, sich mit einer auf dem Kopf stehenden Landkarte bei Nacht auf unbeleuchteten Straßen zurechtzufinden, während man immer noch ein Auge auf die Fahrbahn richten muss. Es ist nicht einfach, und oft findet man sich in einer Sackgasse wieder und muss ganz von vorn anfangen. Aber es ist machbar.

Schritt eins: Bedanke dich bei deinen Eltern, dass sie ihr Problem an dich weitervererbt haben, verdränge das ursprüngliche Problem, und entwickle eine Obsession.

Vergiss nicht: Was immer deine Eltern sagen, sie realisieren nicht, dass sie ein Problem haben, und erst recht realisieren sie nicht, dass du dieses Problem geerbt hast. Genau genommen realisierst du in diesem Stadium selbst noch nicht, dass du ein Problem hast. Deine Obsession befindet sich gerade in der

Embryonalphase, und es liegt an dir, sie zu kultivieren, um damit das Problem zu kaschieren, das deine Eltern unwissentlich an dich weitergereicht haben.

Bevor du richtig daran gehst, deine Obsession zu entwickeln, solltest du dir eine suchen, die dich dein Leben lang begleiten kann. Wähle also mit Bedacht. Beobachte deine Eltern, pass genau auf, wie sie mit ihrer Obsession umgehen, und mach es ihnen nach. Hat einer deiner Altvorderen eine Schwäche für regelmäßigen Gin-Tonic-Konsum, dann tu dir keinen Zwang an und experimentiere nach Lust und Laune mit der Hausbar. Manche Obsessionen sind Verhaltensmuster, die erst später im Leben sichtbar werden. Hat beispielsweise deine Mutter einen emotional haltlosen Mann geheiratet, der ständig auf Geschäftsreise war und sie auch eifrigst betrog, erwarte bitte nicht, dass sich dieses Muster bei dir zeigt, bevor du in der Pubertät bist und dich für Männer zu interessieren beginnst. Glücklicherweise hast du immer noch die Möglichkeit, diese Obsession zu übernehmen, wenn du Schritt sechs oder elf erreichst.

Probiere die zur Auswahl stehenden Obsessionen solange durch, bis du eine findest, die zu dir passt. Wenn du meinst, Glücksspiel sei das Richtige für dich, fängst du besser erst gar nicht mit Fresssucht an, weil du wahrscheinlich nicht genug Geld haben wirst, um den Kühlschrank zu füllen, und dann könnte es sein, dass du Magersucht in Betracht ziehen musst, und das ist die Sucht, die am allerwenigsten Spaß macht. Promiskuität war früher recht beliebt und weit verbreitet, hat aber im Zeitalter von AIDS merklich an Attraktivität verloren. Solltest du dich trotzdem dafür entscheiden, sieh zu, dass du immer einen Gummi parat hast.

178

Die Auswahl an Obsessionen ist größer als gemeinhin angenommen, und Psychologen entdecken praktisch täglich neue.
Für welche du dich auch immer entscheidest – ich wünsche
dir viel Spaß dabei, sie zu kultivieren, denn das ist wahrscheinlich das letzte Mal, dass du wirklich Genuss daraus
ziehst. Viel zu schnell nämlich wird sie Gewohnheit, wird zu
einem täglichen, wöchentlichen oder monatlichen Ritual.

*Schritt zwei: Kultiviere die Obsession, die du dir ausgesucht
hast, um das von deinen Eltern geerbte ursprüngliche Problem
zu verdrängen.*

Bevor aus einer Obsession eine richtige Obsession wird, musst
du fleißig üben. Eine lohnende Obsession zu entwickeln,
dauert seine Zeit und ist harte Arbeit. Hast du dich für die
Fresssucht entschieden, fängst du am besten damit an, auszu-
probieren, wie viele Twix du auf einen Sitz verdrücken kannst.
Beginne mit zehn Stück, und steigere dich dann auf eine
Zwanzigerpackung. Trainiere mit Halbgefrorenem, bevor du
dich an tiefgefrorene Torten machst, und versuche dich wirklich jedes Mal, wenn du dich über etwas ärgerst oder irgendwie aus der Bahn geworfen fühlst, deiner Obsession zuzuwen-
den, denn das trägt sehr dazu bei, sie zu einem festen Bestandteil deines Lebens zu machen.

Schreib ein paar Obsessionen auf, und lege je eine Liste
neben das Telefon und neben dein Bett. So kannst du nach
dem Telefonieren mit deiner Mutter oder einem Ex-Lover,
oder wenn du aus einem unerfreulichen Traum aufwachst,
gleich die Aufstellung durchgehen und dir eine Obsession aus-

suchen, die der jeweiligen Situation angemessen ist. Schreckst du um zwei Uhr nachts aus einem Albtraum hoch, könnte das Licht im Kühlschrank das Problem ausleuchten helfen. Ruft deine Mutter am späten Vormittag an, sollte ein Einkaufsmarathon in der Mittagspause die schlimmsten Sorgenfalten glätten. Hast du Ärger in der Arbeit, halt durch bis nach Feierabend, wenn die Bars geöffnet haben. Wenn es dir hilft, kannst du ja schon mal in deiner Lieblingsbar anrufen und dir einen Platz am Tresen reservieren lassen.

Schritt drei: Leugne die Obsession, die du geschaffen hast, um das Problem zu verdrängen.

Dieser Schritt fällt oft besonders schwer, denn warum sollte man eine Obsession bewusst abstreiten, die man doch gar nicht hat? (Du weißt, was ich meine?) Aber wenn du deine Obsession ausgiebig genug kultiviert hast, dann kommt das ohnehin ganz von allein.

Schritt vier: Gestehe die Obsession ein, und eigne dir zwei neue an.

Kreditkartenabrechnung, Personenwaage oder Abstrich dürften dich mittlerweile auf deine Obsession aufmerksam gemacht haben. In diesem Stadium könntest du zu der Erkenntnis gelangen, dass es nötig ist, ihr gewisse Grenzen zu setzen. Gibt es irgendwelche weiteren Obsessionen, die dir verlockend erscheinen, so ist jetzt der richtige Zeitpunkt, ihnen nachzugeben. Sie

180

werden dich von der ursprünglichen Obsession ablenken und dir helfen, Schritt fünf zu erreichen.

Schritt fünf: Verdränge das Eingeständnis der Obsession, und frage: Welches Problem?

Wenn du die ursprüngliche Obsession über der Kultivierung der beiden neuen ausreichend ignorierst, wirst du auch verdrängen, diese ursprüngliche Obsession jemals eingestanden zu haben. In einem Anfall von Panik hast du möglicherweise einem oder zwei engen Freunden, deiner Friseuse oder einem Staubsaugervertreter von deiner Obsession erzählt, die damals das Problem zu sein schien. Sprechen sie dich wieder darauf an, streite alles ab, frage »Welches Problem?«, und präsentiere stolz deine neuen Obsessionen.

Schritt sechs: Gib vage zu, dass du die Obsession eingestanden hast, aber gelobe, sie zu verdrängen und eine neue zu entwickeln, die dich das verdrängte Problem endgültig beiseite schieben lässt.

Es könnte sein, dass du (unbewusst) gezwungen bist, die ursprüngliche Obsession zuzugeben. Das ist nicht schlecht, denn es heißt, dass du dich zu Schritt sechs vorgearbeitet hast. Bestand deine Obsession beispielsweise in dem Zwang, Geld auszugeben, könntest du jetzt einen Anruf von der Kreditkartengesellschaft bekommen, die wissen will, wann du die seit drei Monaten fällige Zahlung zu leisten gedenkst. An

181

diesem Punkt musst du deine Obsession zugeben, aber keine Angst: Stimme dem Bankmenschen einfach in allen Punkten zu, schicke ihm zur Beruhigung einen ungedeckten Scheck, vergrabe den Kreditkartenvertrag mit allen Bestimmungen zu Überziehungszinsen etc. in der untersten Kommodenschublade, und greife nach einem Mogadan, einem Martini, einer Kilopackung Nougatpralinen oder ziehe die Liste neben deinem Telefon zu Rate.

Schritt sieben: Gestehe unter extremem Druck die ursprüngliche Obsession wieder ein.

Beachte, dass Schritt sieben immer unter extremem Druck stattfindet. Vielleicht kommst du zu spät zu einem Vorstellungsgespräch, weil dir dein bestes Kostüm (Größe 38) nicht mehr passt; vielleicht hast du alkoholumnebelt beim Zurückstoßen den Hund überfahren, oder du versuchst, den Gerichtsvollzieher abzuschrecken, indem du hinter der Haustür Rottweilergebell nachahmst. Was auch immer die Krise ausgelöst hat: Du musst deine Obsession eingestehen, um zu Schritt acht zu gelangen.

Schritt acht: Gelobe, etwas gegen die Obsession zu unternehmen, aber behalte im Gedächtnis, gegen welche deiner Obsessionen du etwas zu unternehmen gelobst.

An dieser Stelle ist es wichtig, dass du dir in Erinnerung rufst, welches deine ursprüngliche Obsession war, da es diese ist, gegen die du etwas unternehmen willst. Und bitte keine Panik. Denke zur Beruhigung daran, dass du, sofern du alle bisherigen Schritte ordnungsgemäß absolviert hast, zwei, wenn nicht sogar drei oder mehr Obsessionen in Reserve hast, auf die du bei Bedarf jederzeit zurückgreifen kannst. Außerdem weißt du ja: Geloben, dass man etwas dagegen unternimmt, heißt nicht, dass man tatsächlich etwas dagegen unternehmen muss.

Bist du zum Beispiel esssüchtig, könntest du geloben, eine Diät zu machen. Die hältst du vielleicht nur einen Tag lang durch, aber immerhin hast du etwas getan. Alkoholiker könnten geloben, statt doppelten Whiskys nur noch einfache zu trinken. Bist du von deinem Ex-Freund besessen, wäre es eine Möglichkeit zu geloben, heute nur noch dreimal anstatt fünfhundertmal bei ihm anzurufen. Worauf es in diesem Stadium ankommt, ist nur, dass du überhaupt ein Gelöbnis ablegst. Der schwierige Teil folgt in Schritt neun.

Schritt neun: Behandle die Obsession (aber nicht das Problem, denn du erinnerst dich ja nicht mehr daran, dass du ganz am Anfang ein Problem hattest).

Jetzt, wo du eingestanden hast, eine Obsession zu haben, musst du anfangen, sie unter Kontrolle zu bringen. Bist du Alkoholikerin, könntest du beispielsweise von Schnaps auf Bier und von Bier auf Obstessig umsteigen. Raucher sollten versuchen, ihre Joints von nun an pur zu drehen, ohne Tabak drin. Und bist du esssüchtig oder zwanghaft permanent auf Diät, weil du Probleme mit deinem Körperimage hast, könntest du versuchen, deine Obsession dadurch in den Griff zu bekommen, dass du drei gesunde, vollwertige Mahlzeiten am Tag zu dir nimmst und dies ein paar Wochen lang durchhältst (was man zwischendurch futtert, zählt ja bekanntlich nicht als »Mahlzeit«). Je größer das Engagement, mit dem man gegen die Obsession angeht, desto größer auch das Erfolgserlebnis. Der zusätzliche Pluspunkt von Schritt neun: Die Behandlung der Obsession kann zu einer eigenen Obsession werden.

Schritt zehn: Halte dich für geheilt.

Nach einigen Stunden ohne Alkohol, einer Woche ohne Kauforgie oder fünf Kilo Gewichtsverlust wirst du kurzzeitig das Gefühl haben, geheilt zu sein. Dieser Schritt ist der kürzeste des gesamten Programms.

Schritt elf: Gestehe die Rückkehr deiner Obsession ein, und bekenne dich auch zu den beiden neuen, die sie ersetzt hatten.

Sobald deine Oberschenkel wieder den Beinausschnitt deiner neu erworbenen Shorts Größe 36 ausfüllen, auf Kommissionsbasis arbeitende Verkäuferinnen anfangen, dich zu Hause anzurufen, die Schokoriegel deiner Mitbewohnerin auf mysteriöse Weise verschwinden und die leeren Verpackungen sich unter deinem Bett wiederfinden, könntest du dich gezwungen sehen, dir einzugestehen, dass deine Obsession zurückgekehrt ist. Natürlich nur für einen kurzen Augenblick, denn mittlerweile bist ja ausgefüllt mit deinen beiden neuen Obsessionen, die während der Zeit, in der du dich für geheilt hieltest, die ursprüngliche Obsession ersetzten.

Schritt zwölf: Suche professionelle Hilfe.

Hast du das Programm Schritt für Schritt absolviert, solltest du inzwischen mehr Obsessionen haben als deine beiden Eltern. Und möglicherweise erweist es sich als schwieriger, sie alle unter einen Hut zu bekommen, als du glaubst. Früh um fünf läutet der Wecker, damit du rechtzeitig deiner Sportobsession frönen und zu einem Fünf-Kilometer-Waldlauf starten kannst. Es folgt eine kurze Dusche und ein akribisches Abschrubben der Badezimmerfliesen, auf denen sich, wie du entsetzt feststellen musst, seit dem peniblen Frühjahrsputz gestern Abend schon wieder dicker Schimmel angesetzt hat. Du frühstückst einen halben Kopf Salat und ein Glas Quellwasser und fühlst dich schlank und fit, bevor du ins Auto springst und auf dem Weg zur Arbeit an der nächsten Tankstelle hältst und dir ein Magnum, drei Mars und ein Sandwich kaufst.

Kaum hast du am Schreibtisch Platz genommen, greifst du automatisch nach dem Flachmann in der untersten Schublade und wählst die Nummer der neuen Freundin deines Exfreundes, um wieder aufzulegen, wenn sie sich nach fünfmaligem Klingeln gähnend meldet. Kurz vor Mittag hältst du es nicht mehr aus und bestellst den neuesten transparenten Powerstaubsauger in leuchtendem Türkisblau, um in Zukunft dabei zusehen zu können, wie der Dreck genauso schnell verschwindet wie dein monatliches Einkommen.

Während der Mittagspause schlägst du bei zwei neuen Lippenstiftfarben zu, kaufst eine CD, die sich gut im Regal machen, aber nie abgespielt werden wird, und einen Sack Katzenstreu für den Fall, dass du dir irgendwann in der näheren Zukunft eine Katze zulegen solltest.

Bei der Rückkehr ins Büro versteckst du dich hinter dem Garderobenschrank, wenn du den Hai von der Kreditkartenfirma erspähst, der in deinem Büro wartet, machst einen Umweg über die Personalküche, wo du im Vorbeigehen die drei Sandwiches des Lehrlings und den Rest eines Fertiggerichts aus dem Kühlschrank mitgehen lässt. Auf eine Kotz-Session in der Damentoilette folgt ein weiterer Anruf bei der neuen Flamme deines Ex-Lovers und anschließend einer bei deinem Dealer wegen eines weiteren Gramms Kokain. Danach wählst du die Hellseher-Hotline und lässt dir für dreihundert Dollar deine Zukunft vom Band abspielen, bittest deine Assistentin, alle Anrufer (vor allem den Krediteintreiber) abzuwimmeln, und begibst dich auf ein oder zwei Spielchen Black Jack ins Internet.

Auf dem Heimweg nimmst du eine Stange Benson & Hedges und vier Fünferpackungen Snickers mit. Nachdem du die drei Sicherheitsschlösser aufgesperrt und zwei Alarmanlagen deaktiviert hast, betrittst du deine Wohnung und checkst Fax, Emails und Anrufbeantworter, bevor du dich wieder ans Badputzen machst. Du wählst ein malvenrosa Handtuch aus dem nach Farben geordneten Sortiment im Wäscheschrank, wobei du penibel darauf achtest, dass kein anderes Stück irgendwie verrutscht. Nach einer zwanzigminütigen Dusche wäschst du dir zehnmal die Hände, bevor du noch einmal deine Emails abrufst und dich bei einem Joint entspannst. Sieben Minuten vor dem Zubettgehen – nach Konsum eines Normoc als

Einschlafhilfe, eines Alka Seltzer für deinen Magen und der
Vitamine A bis E – stellst du deine Turnschuhe bereit und legst
das Joggingoutfit für den nächsten Morgen am Fußende des
Bettes aus, rufst bei der Tarot-Beratung an, um in Erfahrung
zu bringen, was der morgige Tag für dich bereithält, und
klingelst noch einmal bei der neuen Freundin deines Ehemali-
gen an, bevor du in Morpheus' Arme sinkst.

Jetzt ist es Zeit, professionelle Hilfe zu suchen. Erliege nicht
deiner New-Age-Obsession, die dir auf spirituellem Wege
Heilung verheißt. Bist du bei Schritt zwölf angelangt,
brauchst du umgehend qualifizierte Hilfe. Suche dir einen
Therapeuten, und übertrage all deine Obsessionen auf ihn,
während du dich auf den Pas de deux vorbereitest.

Pas de deux: Sobald du ein Licht am Ende des Tunnels erkennst,
entwickelst du eine direkt unheimliche Fähigkeit, die Marotten
deiner Mitmenschen zu durchschauen, und klärst sie über ihre
Schrullen auf.

Nach rund drei Monaten Therapie hast du einen sechsten
Sinn entwickelt und durchschaust deine Mitmenschen alle-
samt total. Als Folge davon klärst du deine Mutter über ihren
Märtyrerkomplex auf, sagst deinem Vater, er müsse etwas
gegen seine Überwachungsmanie unternehmen, und erklärst
deinem Chef, eine Regressionsanalyse sollte das Machtprob-
lem, das er hat, eigentlich hinfällig machen. Du bist überzeugt, deine beste Freundin leidet an Penisneid, was du ihr
lautstark auf der nächsten Dinnerparty erläuterst, und es ist
doch wirklich nur fair, deinen Exfreund wissen zu lassen, dass

seine übertriebene Mutterbindung absolut nicht normal und sogar ungesund ist. Nachdem du deine Umwelt auf diese Weise therapiert hast, wunderst du dich, warum sich kein Mensch mehr bei dir meldet.

Einfacher Rückwärtssalto: Brich zusammen, wenn dir klar wird, dass die Probleme deiner Mitmenschen in Wahrheit deine eigenen sind.

Du merkst, dass du den Pas de deux vollendet hast, wenn deine Eltern dich nicht mehr zu Weihnachten einladen, deine beste Freundin eine neue, nicht registrierte Telefonnummer beantragt, ohne sie dir mitzuteilen, dein Chef in eine andere Abteilung versetzt wird und die Mutter deines Exfreundes dir feindselige Briefe schreibt. Jetzt ist es Zeit, in den Spiegel zu schauen und zu einem Rückwärtssalto anzusetzen.

Zweifacher Rückwärtssalto: Fang an, deine eigenen Probleme in den Griff zu bekommen, und ignoriere die deiner Mitmenschen.

Der Zweifache Rückwärtssalto ist der langwierigste und mühsamste Schritt des gesamten Programms. Er erfordert völlige Selbstbesessenheit. Möglicherweise musst du dich eine Zeit lang ganz zurückziehen, um die Energie zu sammeln, die für diesen Aufschwung nötig ist. Beim Zweifachen Rückwärtssalto geht es darum, auf das Urproblem zurückzukommen. Du erinnerst dich an das Problem? Das war in Schritt eins, und um dahin zurückkehren zu können, musst du alle Schritte noch einmal in umgekehrter Reihenfolge durchlaufen, bis du wieder bei dem Problem angelangt bist, das du verdrängt hast. Klar? Willst du dir diese Mühe sparen, könnte dir ein Analytiker helfen, den ganzen Prozess zu beschleunigen und mehr oder weniger direkt zu dem verdrängten Problem zurückzukommen. Vielleicht trittst du auch einer Selbsthilfegruppe bei, und ihr trefft euch wöchentlich und vergleicht eure Fort- bzw. Rückschritte. Natürlich sollte ein Salto – und für den Zweifachen gilt das erst recht – nie ohne entsprechende Sicherheitsvorkehrungen durchgeführt werden: Das heißt, du brauchst ein Kissen oder eine Matte, die deinen (unvermeidlichen) Absturz auffängt. Dann, und erst dann, bist du bereit für den Dreifachen Rückwärtssalto.

Dreifacher Rückwärtssalto: Komm drüber weg.

Herzlichen Glückwunsch! Entweder bist du jetzt ein gesunder und glücklicher Mensch – oder du betrachtest die Radieschen von unten. Hängt ganz davon ab, wie lange du gebraucht hast, um dieses letzte Stadium zu erreichen.

Meuterei am Waschpulverregal

Es geschah am Waschpulverregal. Der ganze Tag war schon scheiße gelaufen.

Beim allmorgendlichen Kampf hatte der Reißverschluss meiner Lycra-Hüfthose endgültig den Geist aufgegeben. Die Titelseite der Tageszeitung kündete die Rückkehr der Twiggymode an, Ganzkörperfotos im Vierfarbdruck inklusive. Der Rückspiegel in meinem Auto ließ den Pickel auf meiner Stirn riesig erscheinen, und im Supermarkt zierte meine inzwischen weltberühmte Ex-Schulfreundin sämtliche Titelblätter der Regenbogenpresse in einem Traum von Hochzeitskleid.

Vor dem Schokoladenregal geriet ich in einen massiven Einkaufswagenstau (natürlich waren Marsriegel diese Woche im Angebot), und am Brotregal war kein Vorbeikommen, weil sich die Semmeltüten selbständig gemacht und über den Boden ergossen hatten. Ich steckte meinen Kopf tief in die Gemüsekühltruhe, um mich vor einer alten Fitnessfreundin zu verbergen, und überlegte, wie oft ich noch an dem Wurstprobierstand in der Fleischabteilung vorbeigehen (und probieren) konnte, bevor ich etwas kaufen musste.

Ich studierte mit großem Eifer Regale, die auf der einen Seite mit fettfreier, zuckerfreier und milchfreier heißer Schokolade gefüllt waren und auf der anderen mit Vanillebrioches, frisch aus dem Ofen. Ein Regal offerierte Diätgetränke, Abführmittel und Protein-Shakes. Das nächste führte mich mit belgischen Pralinen und Trüffeln in Versuchung. Mädchen in hautengem Lycra überholten mich leichtfüßig mit Wägen voller Obst. Frauen mit fünf Kindern auf jeder Hüfte und dunklen Ringen unter den Augen schoben Berge von Zucker von Regal zu Regal.

Meine Schultern bebten, ich knirschte mit den Zähnen, und mir brach der kalte Schweiß aus. Ich belud meinen Einkaufswagen mit Karotten, mit Pappkarton, das als Knäckebrot getarnt war, mit Diät-Eiscreme, Magermilch und ballaststoffreichen Frühstücksflocken. Ich sehnte mich nach Sahneeis, Schokokeksen, extrafettem Brie und Schweizer Käse, Baisers und Schinkencroissants.

Vor dem Waschpulverregal dann passierte es. Dieser Supermarkt sollte verboten werden, schrie ich, ich muss hier raus.

In einem Anfall entführte ich den Einkaufswagen eines anderen Kunden, der bereits randvoll mit verbotenen Nahrungsmittel beladen war, und häufte darauf noch drei Packete Vanilleeis, zwölf ofenwarme Donuts und Frosted Flakes. Ich war bereit, den Kampf mit jedem zaundürren lycrabekleideten Hering aufzunehmen, mit Fitnesstrainern, Ernährungsberatern und mit den Fernsehwerbungen, die mir weismachen wollten, dass dicke Mädchen kein Glück haben, nicht gut aussehen können und unweigerlich als alte Jungfer enden. Ich war bereit, mich auf einen Kampf einzulassen mit jedem Du-darfst-fettarmen-zuckerfreien-ballaststoffreichen-Diät-Nahrungsmittel, das dieser Supermarkt führte.

An diesem Tag legte ich eine Vollbremsung mit 180-Grad-Wendung hin (die Bremsspuren vor dem Spülmittelregal sind noch sichtbar), und vor dem Waschpulverregal wurde eine neue Frau geboren.

Kennst du das Gefühl? Dass man der ganzen Diätwelt entgegenschreien möchte, sie könne einen mal? Dass man allen ins Gesicht schreien möchte: »Ich bin dick, na und?« Dass man diesen mageren Gören mit ihren salatigen Einkaufskörben sagen möchte, sie sollen ihren gierigen Blick von deinem prall gefüllten Wagen nehmen und selbst was Vernünfiges futtern?

Ich habe diese Metamorphose erlebt. Nach über zwanzig Jahren ständigen Diätlebens wurde mir an diesem Tag endlich klar, dass Schlankheitskuren nicht die Lösung sein konnten. Wenn sie es wären, warum musste ich dann immer kämpfen? Ich hatte Dr. Scarsdale vertraut, Dr. Cabot, der gesamten Israelischen Armee, dem Pritikin-Center, Jenny Craig, Gloria Marschall und den Weight Watchers, und ich fühlte mich im Stich gelassen. Dreißig Jahre papierdünne Cracker, wöchentliches Wiegen, Zellulitisbehandlungen, Abschwitzen und vormittägliche Heißhungerattacken.

Ich wusste, dass Diäten nicht funktionieren. Ich quälte mich im künstlichen Licht des Fitnessstudios, wenn ich viel lieber draußen in der Sonne gewesen wäre, nur weil ich panische Angst davor hatte, was geschehen würde, falls ich einmal den Aerobic-Kurs schwänzte. Mein Leben wurde zusammengehalten von der Hoffnung auf einen neuen Körper, obwohl ich doch nicht einmal den alten richtig kannte. Spielte das Leben mir übel mit, konnte ich immer noch eine Diät machen – dann würde ich den neuen Job und den begehrten Mann garantiert kriegen. Leider ist es nie so gekommen. Ich kaufte auf Kredit damals im Supermarkt, ich war arbeitslos und Single.

Hungerkuren hatten mir beigebracht, dass brave Mädchen dünn sind und Sex zwar starke Anziehungskraft besitzt, aber pfui ist. Ich lernte, dass mein schlanker Körper über große

Macht verfügte, jedoch mit verheerenden Folgen. Wenn Sex schlecht war, Dünnsein aber gut, warum bekamen dann nur brave Mädchen Sex? Ich war überzeugt, dick zu sein *und* Sex zu haben, sei eine doppelte Sünde. Dick sein *und* Sex genießen, das war in meinen Augen einfach undenkbar, weil zu viel des Guten.

Aber die Alternative jagte mir Angst ein. Mit Hungern aufzuhören, war mit nicht absehbaren, bestimmt aber höchst unangenehmen Konsequenzen verbunden. Meine Ängste waren zahlreich ... Wenn ich aufhöre, Diäten zu machen, werde ich unendlich fett ... ich bin jetzt schon viel zu dick ... mein Hunger muss unter Kontrolle gehalten werden; einmal losgelassen, höre ich gar nicht mehr auf zu fressen ... Ich mache gern Diät, das verschafft mir die Illusion, alles im Griff zu haben ...

Als ich alles verlor, über das ich mich definierte, wurde mir klar, dass mein Leben so nicht weitergehen konnte und dass meine Fresserei mich daran gehindert hatte, viele Ziele zu erreichen. Ich hatte mein eingebildetes Fett als Vorwand genommen, zu keinem Bewerbungsgespräch zu gehen, denn den Job, davon war ich überzeugt, würde eh eine schlanke Bewerberin bekommen, und hielt es auch für den Grund, warum ich keine gesunde Zweierbeziehung aufbauen konnte. Unbewusst, so viel erkannte ich, benutzte ich meine Sucht, um mich vor dem Erwachsensein zu drücken und keine Verantwortung übernehmen zu müssen. Das war der Grund, warum ich mich voll stopfte. Ich gab meinem Körper die Schuld an meiner Notlage, und ich benutzte Fressalien als Puffer, um die schlimmsten Schicksalsschläge abzufangen.

Um aus diesem Teufelskreis herauszukommen, musste ich meine Kraft zurückgewinnen, aufhören, die Schuld auf das

Essen zu schieben, und anfangen, mich und meinen Körper zu akzeptieren. Ich musste aufhören, Essen mit Emotionen zu beladen. Nahrungsmittel an sich waren nichts Schlechtes. Sie wollten mir nichts Böses, verführten mich nicht dazu, sie zu verzehren, machten sich keine Gedanken um mich, und ihnen war auch völlig schnuppe, ob ich sie nun aß oder nicht. Es waren ganz einfach Nahrungsmittel – aber erzähl das mal einer Frau mit massiven Essproblemen und einem gestörten Körpergefühl.

Der Tag einer Fresssüchtigen beginnt mit einem gewissen Unbehagen, einem leichten Kribbeln unter der Haut, schlechtem Geschmack im Mund oder dem Gefühl, dass die Oberschenkel aneinander reiben. Das nennen die Wissenschaftler Schmetterlingseffekt: die Theorie, dass das Flügelschlagen eines Falters im Amazonasbecken irgendwo anders auf der Erde höchst folgenschwere Auswirkungen zeitigt. Eine winzige Bewegung, eine minimale Veränderung, kann eine kolossale Lawine ins Rollen bringen.

Fressattacken beginnen so subtil, dass sich in den meisten Fällen nicht mehr zurückverfolgen lässt, was der eigentliche Auslöser war. Ein Anruf deiner Mutter, eine Rechnung in der Post, das Reiben von Lycra auf nackter Haut, selbst der kritische Seitenblick eines Passanten kann fünf Stunden oder fünf Tage später in einer monströsen Fressorgie eskalieren. Würde die Betroffene den Auslöser kennen, wäre es theoretisch möglich, die ganze Fresserei zu umgehen, aber in der Heillosigkeit des Anfalls geht der Schmetterling völlig unter.

Das ungute Gefühl steigert sich im Lauf des Tages, und da gewöhnlich immer mehr Stressfaktoren dazukommen, kreist das gesamte Denken der Fresssüchtigen bald nurmehr um

Lebensmittel. Der eigentliche Anfall beginnt mit einer kleinen Knabberei in der Küche, einem Stückchen Toast vielleicht, den Resten vom gestrigen Abendessen oder einem eingetrockneten Stückchen Käse. Damit ist der Bann gebrochen, und nun werden Schränke und Regale nach Schokoladenkeksen, Chips, Salzstangen, Erd- und Cashewnüssen, Oliven, Rosinen und Haferflockenplätzchen durchforstet – nichts Essbares bleibt verschont, in der Hoffnung, dass dadurch das Unbehagen verschwindet.

Zehn, vielleicht auch zwanzig Minuten später wird ihr plötzlich bewusst, was sie angerichtet hat, sie ist angewidert und bessesen von den neuen Fettpolstern, die sich mysteriöserweise auf ihren Hüften gebildet haben. Das zweite Stadium des Zyklus beginnt.

Ich muss dieses Fett loswerden, ich muss dieses Fett loswerden, es darf sich nicht festsetzen, ich muss dieses Fett loswerden. Manche Frauen lassen dem Schlachtfeld Küche das Schlachtfeld Badezimmer folgen, wo sie nach Alka Seltzer, Glaubersalz oder anderen Abführmitteln suchen und diese in kaum geringeren Mengen schlucken wie zuvor die Schokoplätzchen. Andere stecken sich den Finger in den Hals oder kitzeln sich, weit über die Kloschüssel gebeugt, die Mandeln mit einer Zahnbürste. Bei einigen reicht schon eine entsprechende Neigung des Oberkörpers, um alles wieder hochkommen zu lassen.

Wieder andere greifen sich ihre Nikes und starten zu einem Marathonlauf durch das Wohnviertel. Dieses Stadium hält gewöhnlich an, bis irgendetwas die nächste Fressattacke auslöst und der Kreislauf von neuem beginnt.

Es soll durchaus vorkommen, dass ein hoch dotierter Banker sich ein fünfgängiges dreistündiges Mittagessen gönnt, eine

600-Dollar-Flasche Dessertwein inklusive, nur weil um elf Uhr seine Frau anrief, um ihn daran zu erinnern, dass er das Dach des Ferienhauses noch immer nicht repariert hat. Das Mädchen an der Supermarktkasse gibt ihre Monatsmiete für ein neues Paar Schuhe aus, weil ihr Freund sie gestern Abend verlassen hat. Der Installateur setzt das Geld, das er seiner Ex und den Kindern an Unterhalt schuldet, auf ein Pferd namens Dream Away, weil sein Chef morgens seinen eigenen Ehefrust an ihm abreagiert hat und dem Installateuer jetzt permanent sein eigener Vater im Kopf herumspukt, seines Zeichens Alkoholiker und längst unter der Erde, aber höchst präsent.

Der Banker ist sich nicht bewusst, dass die Nörgelei seiner Frau ihm das Gefühl gibt, unfähig zu sein, dass er deshalb so viele Überstunden macht und einen fetten BMW fährt, weil er seinem Vater beweisen will, dass er gut genug ist, reich genug und mächtig genug. Deshalb »tröstet« er sich mit einer wohlverdienten Auszeit, die, nicht unerwartet, zu einem dreistündigen Fress- und Saufgelage ausartet.

Das Mädchen von der Supermarktkasse realisiert nicht, dass die neuen Schuhe ihren Schmerz nicht lindern werden. Sie weiß nur, dass sie sich beim Schuhkauf sexy gefühlt hat, und wenn sie sich sexy fühlt, dann kann sie am Samstagabend einen Kerl abschleppen, und selbst wenn sie am Sonntagfrüh neben einem Wildfremden aufwacht, so war sie wenigstens nicht allein.

Der Installateur weiß, dass er ein Versager ist, sein Vater hat es ihm sein Leben lang eingebleut, sein Chef hat es ihm heute Morgen gesagt, und das Schicksal bestätigt es, weil Dream Away als Letzter durchs Ziel ging. Aber er fühlt den Zwang, es immer und immer wieder zu probieren, und nur in den

Augenblicken, in denen Dream Away kurzzeitig die Führung übernimmt, fühlt er sich sekundenlang als Sieger.

Fresssucht ist ein kostspieliges Vergnügen, und häufig gehen Geld- und Figurprobleme Hand in Hand. Wer wenig Achtung vor seinem Körper hat, hat gewöhnlich auch keinen Respekt vor dem Kontostand. Die Redensart, von der Hand in den Mund leben, gewinnt für Bulimikerinnen eine ganz neue Bedeutung.

Genau wie mit Nahrungsmitteln hatte ich auch im Umgang mit Geld ständig Probleme. Hatte ich welches, gab ich es mit vollen Händen aus, bis ich wieder Schulden hatte.

Natürlich sah ich keinerlei Veranlassung, den von mir gewünschten Lebensstandard aufgrund einer so nebensächlichen Kleinigkeit wie Geldmangel einzuschränken. Also »borgte« ich mir die Taxikreditkarte meines Vaters und bestach Taxifahrer, mir getürkte Quittungen für nie durchgeführte Fahrten auszustellen – zwanzig Dollar für sich als »Trinkgeld«, vierzig in bar für mich. Die Schuldgefühle hielten mich in dem Teufelskreis: Um sie zu unterdrücken, überkompensierte ich mein Fehlverhalten durch extreme Restriktionen. Nur waren die Restriktionen, die ich mir auferlegte, immer genauso extrem wie meine Fresserei: eine Woche lang gar nichts essen oder ausgeben, und dann zwei Tage lang fressen oder einkaufen ohne Maß und Ziel.

Ich konnte nie bei einem aufhören. Seien es Pralinen oder Lippenstifte. Die Verkäuferinnen liebten mich. »Natürlich wirkt die Reinigungslotion nur optimal, wenn Sie auch das Gesichtswasser, den Moisturiser, die Augen- und Antifaltencreme sowie die Gesichtsmaske verwenden.« Sie machten mir klar, dass es keinen Sinn ergab, ein Einzelprodukt zu kaufen, wenn es doch eine ganze Produktlinie gab. Ebenso war ich der

Ansicht, dass ich, wenn ich schon ins Fitnessstudio ging, täglich gehen musste, zweimal täglich, wenn irgend möglich, denn ein gelegentliches Workout bringt so wenig, dass du gleich ganz daheimbleiben kannst.

Diesem Credo gemäß zahlte ich die Jahresgebühr für manches Fitnessstudio, schwitzte einen Monat lang wie eine Irre und hockte die restlichen elf Monate daheim auf meinen vier Buchstaben. Ebenso betrachtete ich es als unsinnig, es bei einem Drink zu belassen. Wenn ich schon trank, dann aber richtig, bis zum Suff, warum sonst überhaupt Alkohol anrühren? Hatte ich eine Kreditkarte, musste ich sie bis zum Limit ausschöpfen, welchen Sinn hätte sie sonst gehabt? Und als ich mir Tennisunterricht in den Kopf setzte, war es nach meinem Dafürhalten absolut unerlässlich, mich mit einem erstklassigen Schläger, neckischen Tennisröckchen, Designersöckchen und Tennisschuhen auszustaffieren – andernfalls hätte ich ja gar nicht erst anzufangen brauchen. Bot man mir von irgendetwas mehr an, lautete meine Antwort stets ja. Ja, ja, ja, oooh ja!

Was ist es nur, das uns zwingt, Produkte zu kaufen, die unser Leben verändern sollen, dann aber ungeöffnet im Bad- oder Kellerregal ein Dasein als Staubfänger fristen?

Schmerz, SCH-M-E-R-Z – mit großem SCH, stummem, aber klagendem M, Mitleid erregendem E, lang gezogenem R und einem Z zur Krönung. Sei immer auf Achse, sonst erwischt dich der Schmerz. Sorge für Ablenkung, und renn, was das Zeug hält, sonst klopft er dir auf die Schulter. Geh einkaufen, Geld ausgeben, kaufen, kaufen, kaufen, sonst kommt der Schmerz hoch und du bist dran.

Ich, vor dem Schmerz weglaufen, sagt du? Was sollte mir schon Schmerz bereiten, fragst du, während du zum hundertundfünften Mal deine Emails abfragst, zum dritten Mal innerhalb einer Stunde bei dir zu Hause anrufst, ob jemand eine Nachricht auf dem Automaten hinterlassen hat, und dir die fünfte Tasse Kaffee einschenkst. Unsere gute alte Welt ist einfach so einsam, wenn wir aufhören, ständig auf Trab zu sein. Wenn wir einfach einmal innehalten, uns hinsetzen und still sind. Wir verwechseln einen vollen Terminkalender mit einem erfüllten Leben, und unablässiger, hausgemachter Stress soll uns darüber hinwegtäuschen, wie leer und einsam unser Dasein ist.

Aktien, Immobilien- und Rentenfonds, Bonds, Indexzertifikate und Optionsscheine sind heute ein Muss für jeden Berufstätigen, der Unsterblichkeit erlangen will. Bloß nicht zurückbleiben, bloß nicht hinter den Leuten mit dem schicken Doppelnamen in der Nachbarwohnung zurückstehen. Fahr einen deutschen Sportwagen (bevorzugt mit Stern), iss asiatisch, trage französische Dessous, drüber italienische Mode und eine Schweizer Uhr. Trink russische Spirituosen, trainiere mit amerikanischen Fitnessgeräten, mach Urlaub in Afrika. Kenne jemanden, der berühmt ist, sichte jemanden, der berühmt ist, berühre jemanden, der berühmt ist, bring deinen Partner um und werde selbst berühmt.

Allein der Gedanke daran macht mich ganz fertig. Ich brauche mein Sofa, eine Zehnerpackung KitKat, oder vielleicht mache ich auch einen Drei-Tage-Marathonlauf.

Ja, ich war überzeugt, ich könnte alles haben, war mir aber der Folgen solchen Denkens nicht bewusst. Ja, ich war ein Masochist, und ja, ich genoss diese Selbstbestrafung. »Der Kreditkartenmensch ist wieder am Telefon. Ich bin ein hoffnungsloser Fall. Ich habe dreihundert Dollar für den Fitnessclub bezahlt und war nicht ein einziges Mal dort. Ich bin ein fettes Schwein. Ich habe mich gestern Abend voll laufen lassen und alle Anwesenden wüst beschimpft, ich bin ein liderliches, gemeines Stück.« Um dieses exzessive Verhalten erklären zu können, hätte ich akzeptieren müssen, dass niemand perfekt ist, hätte weniger Zeit mit dem Kopf über der Kloschüssel, im Kühlschrank oder an der Flasche verbringen dürfen, und ich hätte den Versuch einstellen müssen, meine Schwächen zu verbergen, um nur ja nicht für mich und meine (Fehl-)Handlungen Verantwortung übernehmen zu müssen.

Natürlich war mir *nach* Fressanfall, Einkaufsorgie, Drogentrip oder Suff (um das Essen zu vergessen) sehr wohl klar, dass ich nichts taugte. Ich konnte mir nicht selbst vormachen, dass ich perfekt war. Damals gab es für mich nur zwei Möglichkeiten zu leben: perfekt und immer und überall an der Spitze, oder aber grauenvoll und am Boden. Schwarz oder weiß, alles oder nichts, kein Mittelmaß. Ein vernünftiges Mittelmaß erschien mir öde und langweilig. Das war etwas für Erwachsene, für Lehrer und Schulpräfekten. Mir war das High der Ekstase gefolgt vom Down des Elends lieber. Ich war immer viel zu schnell unterwegs, sei es auf dem Weg nach oben oder nach unten, um einmal in der Mitte innezuhalten und mich umzuschauen.

Ich wollte alles haben und wurde nicht damit fertig, wenn ich es nicht bekam. Als Nesthäkchen der Familie betrachtete ich mich als Prinzessin, und wenn meine Eltern mir nichts abschlugen, wie kamen dann andere Leute dazu, es zu tun? Wenn ich nicht die tollste Geburtstagsfete haben kann, dann mache ich eben überhaupt keine. Trotzköpfig war ich, jawoll! Manche Leute nannten mich eine verwöhnte Göre, aber ich sah mich lieber als leidgeprüftes Opfer.

Meine Maßlosigkeit wurde oft für Aufsässigkeit gehalten, wenn ich mit meinen unmittelbaren Vorgesetzten in Streit geriet. Ich war taub gegenüber jedem »Nein« und ersetzte es automatisch durch ein »Ja«. Dies erwies sich als etwas hinderlich für mein berufliches Fortkommen. Als ich in London in Restaurants arbeitete, blieb mein extremes Verhalten nicht unbemerkt. Ich schlug die Bitten meiner Chefin in den Wind, die mich anflehte, mich in das Team einzufügen und die Ratschläge zu berücksichtigen, die sie mir gab. Stattdessen stellte ich meine eigenen Regeln auf und ignorierte jegliche Grenzen.

Als mich der Geschäftsführer in sein Büro kommen ließ und mich zu gehen bat, war ich überrascht und entsetzt. Ich verstand nicht, warum er mir kündigte, und redete mir ein, das Ganze sei sein Problem, nicht meines. Beleidigt erzählte ich jedem, der mir sein Ohr lieh, was für ein böser und ekelhafter Zeitgenosse er war. Ein Frauenfeind, heulte ich allen vor, ein Ausbeuter wie er im Buche steht. Die Schuldgefühle, die diese Verleumdung des unschuldigen Mannes in mir weckte, führten zu einem neuen Fressanfall, und der Teufelskreis des Selbsthasses begann von neuem.

Ließ ein Mann mich sitzen, manifestierte sich mein Masochismus regelmäßig in Nahrungsverweigerung. Dass jemand mit mir Schluss machte, war einfach unvorstellbar. Damit wurde ich nicht fertig. Und als ein Mann nach dem anderen wagte, mir einen Korb zu geben, reagierte ich meine Verzweiflung auf dem Stepmaster ab. Ich stampfte meinen Frust in den Boden des Aerobic-Raumes und ließ kein Krümelchen über meine Lippen kommen. Leck mich, leck mich, leck mich, schimpfte ich, aber wen meinte ich damit – ihn oder nicht vielleicht doch mich selbst?

Aber mein Masochismus hielt mich nicht nur davon ab, Grenzen anzuerkennen, die man mir setzte, er hinderte mich auch daran, *anderen* Grenzen zu setzen. Ich ertrug es nicht, ein »Nein« zu hören, konnte aber auch selber nicht »Nein« sagen. Freitagabend beim Italiener, Rachael, du kommst doch? *Ja.* Hey, Rachael, hier Sal, wir geben am Freitagabend eine Dinnerparty bei mir, es wäre schön, wenn du kommen könntest. *Klar, um wie viel Uhr denn?* Ich habe Tickets für Alannis am Freitagabend, und da ist mir eingefallen, dass du doch so ein Fan bist. Willst du mitgehen? *Selbstverständlich, danke.* Den Freitagabend verbrachte ich dann über einer Familienpackung Eiscreme, während mein Anrufbeantworter aufgeregt piepste und blinkte, weil all meine Freunde, denen ich zugesagt hatte, wissen wollten, was los war. Sie würden ein paar Tage lang sauer auf mich sein, aber bei weitem nicht so lange, wie ich auf mich selbst.

Meine Unfähigkeit, Nein zu sagen, bedeutete, dass ich mich oft über die Menschen, zu denen ich Ja sagte, ärgerte. Du hast doch nichts dagegen, wenn ich mir dein Lieblingscocktailkleid für einen Abend ausleihe und es dreckig und zerrissen zurückbringe, Rachael, oder? *Kein Problem.* Ich fühle mich so elend, Rachael, ich weiß, du und dein Freund, ihr habt euch gestern getrennt, aber ich bin so down und brauche eine Schulter zum Ausheulen, kann ich nicht auf einen Tee vorbeikommen? *Klar doch, ich setze schon mal das Wasser auf.* Ich habe dich für eine Tupperware-Party vorgeschlagen, ich weiß doch, dass du sowas gerne machst, deine Wohnung ist ideal dafür, und es sind auch nur acht Frauen, es wird bestimmt lustig, ich habe nächsten Mittwoch vereinbart, es macht dir doch nichts aus, deinen Yogakurs abzusagen, oder? *Warum denn nur acht? Lade doch noch ein paar mehr ein.* Ich brachte es nicht fertig, meinen Freunden Grenzen zu setzen, aus Angst, sie würden mich dann nicht mehr mögen. Stattdessen sagte ich also Ja und hasste sie dafür.

Okay, okay, was also, wenn wir einfach aufhören davonzulaufen. Wenn wir einfach stehen bleiben, uns umdrehen und uns dem stellen (was immer es auch ist), vor dem wir davonlaufen. Was dann? Ich persönlich hätte ein Vermögen an Kreditkartenrechnungen gespart, sieben Kilo weniger auf die Waage gebracht, und meine Telefonrechnung hätte sich auf die Hälfte belaufen. Aber ich hätte auch furchtbare Angst gehabt. Die wenigen Male, wo ich nicht weglief, musste ich mir selbst Rede und Antwort stehen, musste mir selbst erklären, warum ich mich so sehr hasste. Und steckte doch immer noch in meiner eigenen Haut. Wie gefällt es dir, immer auf der Flucht vor dir selbst zu sein? Wie wäre es, wenn du aufhören würdest, auf dich selbst zu hören? Was wäre, wenn du so tätest, als würdest du überhaupt nicht existieren?

Ich schrieb Listen mit all den wundervollen Dingen in meinem Leben, für die ich dankbar sein musste. Die erste Woche blieb mein Notizblock leer. Aber ich gab nicht auf. Ich verordnete mir eine Überdosis an Selbsthilfeliteratur. »Mir geht es gut, ich bin froh«, »Ich bin ein glücklicher Marsianer ohne jedes Verlangen, auf die Venus zu reisen«, »Ich bin stark und gar nicht leistungsorientiert«. Ich betrachtete mein eigenes Leben anstatt das anderer Menschen zu betrachten, und dann schaute ich ganz fix wieder weg. Ich tat eine Selbsthilfegruppe auf, Competitors Anonymous, und ging zu einem Meeting. Ich kam als Erste hin, redete am lautesten und am längsten, spendete das meiste Geld und ging als Letzte. Man bat mich, nicht mehr wiederzukommen.

Irgendetwas machte ich falsch. Meine Wohnung war mit lebensklugen Sprüchen tapeziert, ich hatte mehr Selbsthilfeliteratur als die örtliche Bücherei, und trotzdem fühlte ich mich immer noch verpflichtet, beim Lunch die witzigste Geschichte zu erzählen, im Büro und Fitnessstudio die beste Leistung zu erbringen. Alles, was irgendjemand hatte oder konnte, hatte oder konnte ich besser. »Ich kann alles besser als ich selbst!« Ich konkurrierte mit der ganzen Welt und mit mir selbst, und um dem Teufelskreis ein Ende setzen zu können, musste eine von mir aus dem Spiel aussteigen. Aber welche? Das Kind Rachael mit seinem patentierten Fünf-Stufen-Plan-zum-Ewigen-Glück? Oder die Diätmeisterin Rachael mit ihrer Ich-muss-mich-und-alles-was-ich-esse-im-Griff-haben-Sucht? Oder der Fresskumpel Rachael mit dem Niemand-kann-so-viel-in-sich-reinstopfen-wie-ich-Zwang?

Eine Weile dachte ich, wenn ich nicht mehr aus dem Haus ginge, würde ich aufhören, mich mit anderen zu messen. Ich sperrte mich zu Hause ein, überzeugt, aufhören zu können, sobald ich mich aus der Öffentlichkeit zurückzog. Stattdessen ertappte ich mich dabei, mich beim Durchblättern meiner Zeitschriften mit Elle, Naomi und Claudia zu vergleichen. Also warf ich die Illustrierten fort. Ich schrie den Fernseher an, suchte ein überflüssiges Pfund Fleisch, einen Hängebusen oder -po, irgendeinen Makel bei den Schönheiten der besten Sendezeit. Ich las die Bücher aus meinem Regal und redete mir ein, mich besser im Griff zu haben als Bridget Jones, bevor ich ihr Buch in der Badewanne verbrannte und dabei eine Kilotüte Marshmallows spachtelte.

204

Ich rief meine Schwester an, und wir verglichen Kontostand und Leben. Sie gewann. Also zog ich den Telefonstecker aus der Wand. Ich saß am Fenster und sah zu, wie meine Nachbarn zur Arbeit gingen. Ich versuchte zu erraten, wo sie ihre Klamotten kauften, und freute mich hämisch an meiner eigenen ungleich hochwertigeren Garderobe. Also zog ich die Vorhänge zu. Ich schaute in den Spiegel, und was ich sah, gefiel mir nicht. Also hängte ich alle Spiegel ab und drehte sie zur Wand. Um zu entkommen, ging ich ins Bett und träumte von Frauen, die hübscher waren als ich und mir den Freund ausspannten. Der krankhafte Vergleich mit anderen Frauen nahm einen solchen Riesenteil meines Lebens ein, dass er mich vierundzwanzig Stunden am Tag begleitete, sogar bis in den Schlaf.

Solange es noch jemanden gab, der dicker war als ich, gestörter, mit noch mehr Schulden, solange gab es keinen Grund, etwas an mir zu ändern. Im Vergleich zu ihnen war ich perfekt. Ich gebe gern zu, dass ich mich erst dann auf einer Party wohl fühlte, wenn ich jemanden entdeckte, der mindestens eine Konfektionsgröße mehr hatte als ich. Mit meinem Fettsuch-Radar tastete ich den Raum ab, bis ich fündig wurde, dann atmete ich auf und ließ kein gutes Haar an dem armen dicken Girl in der Ecke, das ebenso gut ich hätte sein können, hätte sie sich entschlossen, den Abend (mit einer Zweiliterpackung Eiscreme) daheim zu verbringen.

War keine dickere Frau als ich auf der Party auszumachen, fand ich mich also in meinem schlimmsten Albtraum wieder, und von lauter Courtneys, Jennifers und Calistas umzingelt, blieb mir nichts anderes übrig, als meine Körperfülle durch Überkompensation wettzumachen. Dazu gehörte im Regelfall das ausgiebige Mischen von Wodka mit Sambuca, und je mehr davon durch meine Kehle rann, desto mehr schmolz mein Fett dahin, desto lauter wurde meine Stimme und desto strahlender das Rampenlicht, in dem ich mich suhlte.

Es musste doch noch andere Möglichkeiten geben, als mich daheim einzusperren. Ich ging also aus, gelobte mir aber, wegzulaufen, sobald ich merkte, dass ich anfing, Vergleiche zu ziehen. Ich lief sehr viel in dieser Zeit. Ich wurde süchtig nach Selbstbestätigung und beklebte meinen Computer, mein Armaturenbrett, Zimmertüren, Kühlschrank, Fernseher und Badspiegel mit Zetteln, auf denen geschrieben stand »Ich bin okay, ich bin okay, ich bin okay«. Lächelnd nahm ich zur Kenntnis, wenn meine Freundinnen eine neue Stelle, ein neues Auto, eine neue Wohnung bekamen. Ich hielt mich mit Kommentaren über Gewichtsab- oder -zunahme zurück und hatte einen gelben Post-it am Telefon, um mich daran zu erinnern, nur positiv über andere zu sprechen. Aber bis ich meinen Diätwahn überwunden hatte, musste ich noch einen weiten Weg gehen.

Lass das Licht im Kühlschrank brennen

Vier Jahre und zwölf Schritte nach meinem Londoner Geständnis war es Zeit, das Licht im Kühlschrank anzuschalten und mir genau anzuschauen, was da zum Vorschein kam.

Ich hatte ein recht exzessives Leben geführt – eine vollständige Garderobe in drei verschiedenen Konfektionsgrößen, einen Dauerplatz auf dem Stepmaster im Fitnessstudio und einen Vielkäuferrabatt bei der Konditorei um die Ecke. Ich hatte diverse Jobs verloren, weil ich nichts als Extreme kannte, und viele Beziehungen ruiniert, weil ich mich selbst nicht ausstehen konnte. Jetzt war das Maß voll.

So bin ich nun mal. Unersättlich und konsumsüchtig. Meine Augen sind immer größer als mein Magen. Ich will den Urlaub auf Mauritius, den ich in dem Reisemagazin gesehen habe, die Schuhe dort im Schaufenster und das Auto, das an der Ampel neben mir zu stehen kommt. Alles, was meinem Image förderlich sein könnte, will ich haben. Allerdings will ich es jetzt nur noch etwa eine Sekunde lang; früher verfolgte mich der Gedanken stunden- wenn nicht tagelang. Andere Frauen sind besessen von dem Wunsch zu heiraten, oder von einem Eigenheim oder der neuen Freundin ihres Exfreundes. Manche Frauen sind mit dem zufrieden, was sie haben, und lassen sich nicht von den verlockenden Bildern in Versuchung führen, die in Zeitschriften, Katalogen und Schaufenstern psychologisch geschickt platziert sind. Ich könnte nie eine von diesen Frauen sein.

In dem Bestreben, meine krankhafte Fresssucht zu verstehen, begann ich nach Methoden zu suchen, um dieses Zwangsverhalten abzuschalten. Ich ging meine Heilung mit derselben Besessenheit an wie zuvor das Essen, stapelte Bücher und belegte Kurse und stürzte mich darauf wie auf ein All-you-can-eat-Büffet. Ich eröffnete ein Einkaufskonto bei Amazon und verschlang Selbsthilfeliteratur: »Bulimie in acht Minuten im Griff«, »Du bist nicht, was du isst«, »Hilfe, ich lebe im Kühlschrank«. Ich surfte im Internet und tauschte mich mit Leidensgenossinnen aus, die ihre Probleme auf ähnliche Weise in den Griff bekommen wollten. Das Internet ist wirklich ideal für Menschen mit schwer wiegenden Essstörungen. Es ist anonym, und es besteht keine Gefahr, geoutet zu werden, bevor man dazu bereit ist.

Ich erfuhr, dass ich als Erstes lernen musste, meinen Körper mit all seinen Schwächen anzunehmen, und damit kämpfte ich täglich – über Monate hinweg. Ich war mehrmals nahe dran, mich von meiner ganzen 36-er und 38-er Garderobe zu trennen, aber dann überlegte ich es mir doch immer wieder anders. Irgendwann nahm ich sie dann wenigstens aus dem Schrank und packte sie in einen Karton – aus den Augen, aus dem Sinn. Mein Kleiderschrank erinnerte mich nicht mehr tagtäglich daran, was für eine dicke, hemmungslose und unbeherrschte Person ich war. Den frei gewordenen Platz füllte ich mit Kleidungsstücken, die mir im Augenblick passten. Beim Kleiderkauf rief ich mir kontinuierlich ins Gedächtnis, dass in grellem Kunstlicht kein Mensch gut aussieht und dass die Spiegel in den Anprobekabinen mit Mengenrabatt vom Jahrmarkt gekauft werden. Ich hängte meinen großen Spiegel ab und merkte plötzlich, dass ich nicht länger 1440 Minuten am Tag an mein Aussehen dachte.

Ich entdeckte Geneen Roth, die Begründerin der amerikanischen No-diet-Bewegung. Es versetzte mich in Angst. Hör auf, Schlankheitskuren zu machen, sagte sie. Schlankheitskuren funktionieren nicht, sprach sie aus ihrem Buch. Ich wusste das, ich war der wandelnde Beweis, dass sie nicht funktionieren, aber ich hatte zu viel Angst, um damit aufzuhören. Sie aufzugeben hieße die Hoffnung aufzugeben, dass der Perfekte Körper existiert, dass ich das Perfekte Leben finden würde, wenn ich nur den Perfekten Körper hätte, die Hoffnung, in einem Perfekten Körper Unsterblichkeit zu erlangen, das ewige Leben, ohne Krähenfüße, Halsfalten und Schwabbelschenkel.

Ich betrachtete mein Essverhalten unter dem Mikroskop, sezierte meine Gefühle während des Essens, unterschied, wann ich aus Hunger aß und wann aus Lust. Ich nahm die Lebensmittel aus dem Kühlschrank, legte sie auf einen Teller und verzehrte sie vor den Augen meiner Mitbewohnerin, meiner Eltern, meiner Freunde oder meiner Kollegen. Ich fühlte mich alles andere als wohl dabei, aber ich tat es trotzdem.

Geneens Bücher rieten mir, die Küchenregale mit Lebensmitteln zu füllen, alles einzukaufen, was vorher verboten war, und einen möglichst großen Vorrat zu halten. Hast du eine Schachtel Kekse aufgegessen, ersetze sie sofort durch eine neue. Umgib dich mit Lebensmitteln, und iss jedes Mal, wenn du Hunger verspürst.

Ich stellte mir vor, wie ich in einem Meer aus Caramelsauce ertrank, mein aufgeblähter Leichnam an der Oberfläche trieb, wie die Feuerwehr die Wohnungstür einschlug und mich erst einmal kräftig abduschen musste, bevor ein Kran mich zur Leichenhalle hieven konnte. Eine Küche voll mit einem nie zu Ende gehenden Vorrat an KitKat, Eiscreme, Hähnchenbrustfilets, Lasagne, Kartoffelbrei, Reispudding und Eierlikörtorte wäre Himmel oder Hölle – je nach meiner momentanen Stimmung.

Nach über zwanzig Jahren heimlichen Essens kostete es mich unglaubliche Überwindung, mich zu meinem Hunger zu bekennen, aus dem stillen Kämmerlein herauszutreten und öffentlich zu zeigen: »Ich habe Hunger, und ich verdiene es, zu essen«. Tausenderlei Gedanken schwirrten mir durch den Kopf: »Wenn ich in der Öffentlichkeit esse, werden alle wissen, dass ich Bulimikerin bin.« »Wenn ich esse, werde ich fett.« »Wenn ich Schokolade einkaufe, hält sie sich keine zwei Sekunden.« »Wenn mein Kühlschrank voll ist, halten mich alle für einen Gierschlund.« »Meine Kleider werden mir nicht mehr passen.« »Ich packe das nicht, mir fehlt die nötige Entschlusskraft.« »Lieber Gott, ich kann nicht aufhören zu essen.«

Ich ließ das Licht im Kühlschrank brennen, wenn ich aß, selbst wenn ich einem Fressanfall nachgab – und ich gestattete mir, Fressanfälle zu haben, wenn ich keine andere Möglichkeit sah, mit einer Situation fertig zu werden. Wollten meine Freundinnen mit mir eine Diät anfangen, lehnte ich höflich ab. Ich sehnte mich danach, mittels einer Schlankheitskur abzunehmen, aber ich wusste, dass der Erfolg nur von kurzer Dauer sein würde.

Keine Fressattacke war besser oder schlechter, und ob ich von alten Menschen im Seniorenstift, Schülern der 9. Klasse oder aus dem Kühlschrank der Teeküche im Büro Essen stahl – das Schuldbewusstsein war immer dasselbe. Wenn ich esssüchtig blieb, würde ich immer anderen die Schuld an meinem Elend geben können, aber ich würde auch immer ein Kind bleiben, und mit einunddreißig Jahren fand ich es eigentlich an der Zeit, erwachsen zu werden und die Verantwortung für mein Leben zu übernehmen. Obwohl das rebellische Kind in mir diese Vorstellung natürlich mehr als fad fand.

Gleichgültig wie oft ich mich voll fraß, ich würde nie mehr das Dreijährige auf dem Dreirad sein. Gleichgültig wie viel ich frass und wieder auskotzte, es würde meinen Vater nicht von seinen Geschäftsreisen nach Hause holen, aus meiner Mutter keine Carol Brady und mich nicht zum Mittelpunkt des Universums machen.

Kannst du dir mein Erstaunen vorstellen, als ich eines Tages im Gefrierfach eine halbvolle 1,5-Liter-Dose Eiscreme entdeckte, die mehrere Monate alt war. Welche Überraschung, als ich anfing, Lebensmittel fortzuwerfen, die ich nicht aufgegessen hatte. Noch größer die Überraschung, als mein Körper anfing, nach Gemüse zu gieren, nach Obst und Salat. Und das schmeckte! Welche unbändige Freude, als ich anfing abzunehmen und allmählich zu einem gesunden Gewicht zurückkehrte. Zwar war diese Freude anfangs meist nur von kurzer Dauer, da in meinem Kopf jeder Gewichtsverlust mit Diätdenken verbunden war und ich darauf mit einer Serie besonders heftiger Fressattacken reagierte. Aber mit der Zeit wurde es besser.

Lief irgendetwas schief, eine Schlankheitskur würde es in Ordnung bringen. Gelang es mir schon nicht, meine Umwelt unter Kontrolle zu bringen, konnte ich wenigstens meinen Körper kontrollieren. Die Schlankheitskuren aufzugeben hieß, in den Lichtkegel des Kühlschranks zu treten und mich meinen

Dämonen zu stellen. Den Traum vom »sobald ich dünn bin« aufzugeben. Es war sehr viel einfacher, die Schuld an meinem Jammer auf andere abzuschieben. Meine Mutter ist schuld, mein Chef ist schuld, meine Co-Moderatorin ist schuld, meine Schwester, meine Mitbewohnerin ist schuld, der Mann, der die Mandeln in die Schokolade tut, ist schuld.

Zwei Schritte vorwärts, einer zurück, so reagierte mein Körper. Abnehmen und der Perfekte Körper waren nicht mein Ziel. Essen, wenn man Hunger hat, ist kein Diätprogramm, essen, wenn man Hunger hat, ist das, was normale Menschen tun. Dass ich abnahm, war nur eine Begleiterscheinung auf meinem Weg zu einem normalen, gesunden und natürlichen Verhältnis zu Lebensmitteln. Das galt es zu verstehen, zu akzeptieren, wollte ich den Fressattacken, die jeden Gewichtsverlust begleiteten, ein für alle Mal einen Riegel vorschieben.

Ich klammerte mich an mein Fett, weil ich Angst vor Veränderung hatte. Ich wusste, ich konnte keine Diät mehr machen, ich hatte panische Angst, fett zu bleiben, aber die Angst, meinem Körper zu vertrauen, von sich aus zu seinem natürlichen Gewicht zurückzufinden, war kaum weniger groß.

So sehr ich es auch zu verdrängen versuchte – mir war klar, dass es emotionale Arbeit kosten würde, wollte ich das verhärtete Gedankenmuster aufbrechen. Und es war weiß Gott mühsam. Ich führte ein Fresstagebuch, in das ich auch notierte, welche Geschehnisse einem Fressanfall vorausgingen. Nach sechs Wochen begann sich ein Muster abzuzeichnen. Surprise, surprise ... Ich fraß, wenn ich alles schluckte, was mein Chef sagte, obwohl ich anderer Meinung war. Ich fraß, wenn ich Ja sagte, obwohl ich Nein sagen wollte. Ich fing an zu erkennen, welche Art von Veränderungen ich vornehmen musste.

Wenn ich erwachsen werden wollte, würde ich lernen müssen, zuzuhören und »Nein« zu sagen. Ich würde lernen müssen, mit anderen freundlich umzugehen und zu unterscheiden, welcher Umgang gut für mich war und welcher nicht. Beim Erwachsenwerden geht es darum, Grenzen zu setzen. Ich wurde zu meinem eigenen Erzieher und kämpfte mit dem sturen Kind Rachael, das keinen Fingerbreit nachgeben wollte. Die Alternativen waren, so weiterzumachen wie bisher und irgendwann von Kredithaien aufgefressen zu werden, oder daheim zu sitzen und mich voll zu fressen, bis ich nicht mehr durch die Haustür passte.

Um die unstillbare Gier zu bezwingen, mich bei jedem äußeren Druck voll zu stopfen, musst ich lernen, Nein zu sagen.

Wie viele Frauen rebellierte ich gegen die Grenzen der Erwachsenenwelt durch hemmungslosen Umgang mit Sex, mit Geld, Alkohol und Lebensmitteln. Beziehungen gingen in die Brüche, weil meine Ohren das Wörtchen »nein« nicht kannten und meine Freunde nicht auf das stumme Flehen, die Erpressung oder zuckergussglasierte Komplimente reagierten. Jobs gingen flöten (weil ich den Arbeitsplatz allzu häufig mit einem Kindergarten verwechselte und mich entsprechend verhielt), Kreditvereinbarungen wurden gekündigt (versuch du mal, einem Bankmenschen klar zu machen, dass du nicht »Nein« sagen kannst, wenn man dir Schuhe für 300 Dollar zeigt, obwohl dein Konto nur 10 Dollar Guthaben aufweist), ich entwickelte ein Dreifachkinn (Lebensmittel widersetzen sich regelmäßig stummen Befehlen), Sonntage verloren sich in postalkoholischer Benommenheit, wohlmeinende Freunde wurden verhöhnt und Vermieter ignoriert, weil ich das Wörtchen »Nein« nicht hören wollte. Eine erwachsene Frau, die sich Wutanfälle wie ein launisches Kleinkind leistet, ist nicht besonders reizvoll.

Gäbe es keine Regeln, keine Gesetze und Restriktionen, herrschte Anarchie. Benehmen wir uns wie Fünfjährige, können wir uns in der Erwachsenenwelt nicht lange halten. Wenn wir nicht in der Arbeit anarchisch werden (und die Ts unter B einsortieren, mit dem Inhalt der Unterschriftenmappe den Aktenvernichter füttern oder den Kaffee unserer Chefin statt mit Magermilch mit doppeltfetter Sahne weißen und anstelle von Süßstoff echten Zucker hineingeben), dann behandeln wir unseren eigenen Körper anarchisch. Wir wollen alles, und unsere Mütter haben uns nie gesagt, dass das nicht möglich ist – denn schließlich haben sie es sich ja auch für sich selbst erhofft.

Natürlich betrieb ich, Extremistin die ich war, auch das Neinsagen anfangs mit ein wenig zu viel Enthusiasmus. Nein, schrie ich, nein, nein, nein! Rachael, würdest du mitgehen Tapeten aussuchen für die neue Wohnung, die ich mit dem Geld gekauft habe, das du nicht hast? Nein, lieber nicht, sagte ich und litt zwei Tage lang an einem »Nein«-Kater. Nachts wälzte ich mich schlaflos im Bett, aus Angst, meine Freundin würde mich nie wieder bitten, etwas mit ihr zu unternehmen.

Könntest du nächsten Samstag für mich arbeiten, Rachael? Nein, sagte ich. Oh, Rachael, bitte, meine Großmutter liegt im Sterben und mein Lieblingsgoldfisch hat Lungenentzündung. Nein, ich kann nicht, sagte ich, und stampfte mit dem Fuß auf.

Ich wandelte mich über Nacht vom speichelleckerischen Jasager zu einer steinharten Betonmauer, an der jede Bitte abprallte. Ich sagte »Nein« zu allem und jedem, bis mir auffiel, dass mein Telefon nie mehr klingelte und meine Türglocke Staub ansetzte. Mein Leben lang hatte ich zu allen und allem Ja gesagt, auch wenn ich eigentlich Nein sagen wollte. Ich hatte Ja gesagt, weil ich wollte, dass man mich mochte, ließ meine Freunde aber letztlich im Stich, weil ich es naturgemäß nicht schaffte, allen gerecht zu werden. Nein zu sagen war eine ganz neue Erfahrung und machte mir Angst. Der Himmel würde einstürzen, wenn ich Nein sagte. Jeder würde mich durchschauen, würde merken, was für ein grässlich widerwärtiges Geschöpf ich in Wirklichkeit war, und sich nie wieder bei mir melden. Wenn ich diese Stelle nicht annehme, kriege ich nie wieder ein Jobangebot. Meine Schwester wird nie wieder mit mir reden, wenn ich ablehne. Es ist schwer, nach gut dreißig Jahren Alles-oder-Nichts-Denken einen Mittelweg zu finden.

Beim Neinsagen ging es um die Erfüllung eigener Bedürfnisse, und ich hatte nun endgültig das Gefühl, das egoistische, eigennützige Ding zu sein, für das ich mich insgeheim schon immer gehalten hatte.

Bei genauerem Hinsehen zeigte sich, dass mein Freundeskreis sich in zwei Kategorien unterteilen ließ – exzessive und destruktive Typen auf der einen Seite und sanftmütige, duldsame auf der anderen. Auch hier kannte ich kein Mittelmaß. Jetzt verbannte ich die exzessiven aus meinem Leben, diejenigen Freunde, in deren Gesellschaft ich mich gezwungen fühlte, extrem zu sein, extrem zu saufen, extrem zu fressen und extrem zu tratschen.

Die sanftmütigen, duldsamen erhielten erstmals eine Chance, zu Wort zu kommen, und diejenigen, die sich behaupteten, blieben mir. Von den Freunden, die kein Nein akzeptierten, die mich emotional zu erpressen versuchten, mit mir Fressorgien feierten, auf Sauftour gingen oder Drogen nahmen, von denen trennte ich mich. Sie waren ein Spiegelbild meiner selbst, und weil ich dieses Bild ändern wollte, musste ich auch darauf achten, mit wem ich befreundet war.

Ich kann nicht verschweigen, dass diesem Wandel eine massive Gegenreaktion vorausging. Bevor meine Fresssucht nachließ, wurde sie erst einmal schlimmer. An einem Punkt sah es so aus, als sei mein ganzes Leben destruktiv – doch dann ging mir ein Licht auf: Vielleicht lag es ja an mir? Ich konnte nicht mehr in die Kneipen gehen, in denen ich früher herumhing, aus Angst, dort einem meiner »Ex-Freunde« zu begegnen. Traf ich jemanden auf der Straße, den ich kannte, wechselte ich flugs auf die andere Seite oder senkte den Kopf in der Hoffnung, sie würden mich nicht erkennen. Ich machte mir Gedanken, was sie wohl von mir hielten, als ich niemanden mehr zurückrief. Zu der Zeit sah ich keine andere Möglichkeit, mich von meinem exzessiven Verhalten zu lösen, als es vollständig aus meinem Leben auszublenden.

Je öfter ich Nein sagte, desto freier fühlte ich mich. Nein, es ist nicht in Ordnung, dass du meine Kleider kaputtmachst. Nein, es ist nicht okay, dass ich deine Arbeit erledige, ohne dass du dich revanchierst. Nein, ich kann es nicht ignorieren, dass du mich zum dritten Mal in einer Woche versetzt hast.

Als es mir leichter fiel, Nein zu sagen, gingen meine Fressattacken zurück, aber sie verschwanden nicht völlig. Das hieß, ich musste das Ganze noch etwas differenzierter angehen. Ich fraß, wenn ich mich leer fühlte, wenn ich mich ärgerte und wenn ich traurig war. Um das Fressen aufgeben zu können, musste ich folglich lernen, mit der inneren Leere umzugehen, ein anderes Ventil für meinen Ärger zu finden und den Tränen freien Lauf zu lassen. Meinem Nahrungsmittelkonsum Grenzen setzen durfte ich nicht, denn das wäre wieder in Richtung Diät gegangen, und jede Diät endete bei mir ja bekanntlich in neuerlichen Fressanfällen. Kein Zucker, kein Fett, keine Schokolade – all diese Restriktionen, die ich mir selbst auferlegt hatte, galt es zu lockern, und deshalb brachte ich diese früher illegalen Nahrungsmittel in meine Wohnung und kaufte sie auch nach dem Verzehr regelmäßig nach. Mit der Zeit verloren sie ihre magische Anziehungskraft. Wenn sie nicht mehr verboten waren, würden sie mich möglicherweise auch nicht mehr so sehr verlocken. Und das war tatsächlich der Fall! Sobald das Essen seinen Alles-oder-Nichts-Reiz verloren hatte, begann sich mein Appetit zu normalisieren, und mein Gewicht pendelte sich bei einem gesunden Mittelwert ein.

Es heißt, dass Raucher etwa alle halbe Stunde heftige Gelüste nach Nikotin überkommen. Dieses starke Verlangen kann bis zu zehn Minuten anhalten, lässt dann jedoch spürbar nach. Nach zehn Minuten verspürt man keine Gier mehr. Rauchern, die ihr Laster aufgeben wollen, wird daher empfohlen, diese paar Minuten durchzustehen. Je öfter sie dies (mit Erfolg) tun, desto mehr Selbstvertrauen entwickeln sie, und desto schwächer wird auch das Verlangen. Ich musste dies für all meine Süchten lernen – Geldausgeben, Fressen, Saufen und Rauchen. Nachdem ich es geschafft hatte, der Lust zu widerstehen, wurde mir klar, dass es die innere Leere war, die das Problem darstellte. Die Einkaufsorgien, die Fress- und Saufgelage waren nichts anderes als Symptome des Grundproblems, Selbstbestrafung durch Masochismus. Das eigentliche Problem war die innere Leere.

So begann ich, mich diesen Gefühlen zu stellen, lernte, sie zu akzeptieren, und mit der Zeit gingen sie auch tatsächlich vorüber. Manchmal versuchte ich noch, das Loch mit Nahrungsmitteln zu stopfen, aber ich spürte, dass das Gefühl erst dann wirklich verschwand, wenn ich mich damit auseinander setzte. Und das wiederum hieß, mich dem zu stellen, wovor ich mein ganzes Leben lang davongerannt war: mir selbst.

Plötzlich merkte ich, dass es gar nicht so schlimm war, sich wie ein Erwachsener zu fühlen. Ich konnte daraus einen gewissen Lustgewinn ziehen, ja, es konnte sogar Spaß machen. Es machte mir Spaß, Rechnungen pünktlich zu bezahlen, mit meinem Geld auszukommen und ausgewogene Mahlzeiten zuzubereiten. Es machte mir Spaß, den Ölstand im Auto zu kontrollieren, den Backofen zu putzen; es machte mir Spaß, an einem verregneten Nachmittag mit Freundinnen Käsekuchen zu backen und zu essen, es machte Spaß, mir mit meinem Freund eine Kissenschlacht zu liefern, mit meinen Eltern zu brunchen. Ich war erwachsen – *ich* – *erwachsen!*

Gelegentlich habe ich noch einen Rückfall. Dann ertappe ich mich vor dem Kühlschrank, in der Hoffnung, die Reste vom gestrigen Abendessen könnten helfen, die innere Leere loszuwerden, ertappe mich dabei, mir ein Glas Wein mehr einzuschenken, kaufe einen vergoldeten Hundenapf für den höchst unwahrscheinlichen Fall, dass ich mir jemals einen Hund zulegen werde, und gebe das Milchgeld für einen Lottoschein aus.

Verfolgt man den Lauf der Ereignisse zurück, die zu jenen impulsiven Momenten geführt haben, stößt man gewöhnlich früher oder später auf die Wurzel des Übels. Okay, es ist nicht leicht, abrupt aufzuhören und Bilanz zu ziehen, wenn man mitten im Kühlschrank steckt oder zwischen Zigarettenkippen in einer Bierlache treibt. Aber ohne detaillierte Beobachtung des eigenen Zwangsverhaltens ist es nicht möglich, die Gründe und Ursachen dieser Verhaltensmuster zu lokalisieren und verstehen zu lernen, dass es Alternativen gibt, die es uns ermöglichen, uns weiterzuentwickeln und im Leben voranzukommen.

Hier sitze ich in einem Restaurant und zerzupfe Brot, das zum Pastagericht meiner Freundin gehört. Ich habe nichts bestellt, weil ich erst vor einer Stunde gegessen habe. Trotzdem habe ich, ohne es zu merken, den gesamten Brotkorb geleert und angefangen, die Reste ihrer Nudeln zu verdrücken. Ich träume von Snickers und Mandeltorte und rutsche unruhig auf meinem Stuhl hin und her. Ich höre nicht zu, was sie mir erzählt, ich spüre nur diese unbehagliche Unersättlichkeit. Und dann frage ich mich, warum ich mich so fühle.

Ich verfolge das Unbehagen zurück zu einem Telefonat mit meiner Mutter am gleichen Morgen. Ich rief sie an, um sie und Dad zu bitten, vorbeizukommen und meine alten Kleider abzuholen und in ihrer Garage zu deponieren. Sie hatte schon etwas anderes vor und sagte, es sei heute leider nicht möglich. Ich war wütend, dass sie ablehnte. Ich fühlte mich im Stich gelassen und unwichtig. Das ist kindisch und irrational? Ja. Nachdem ich die halbe Cappuccinocreme meiner Freundin verzehrt habe, wird mir der Grund meines Zwangsverhaltens ersichtlich. Ich leihe mir das Handy meiner Freundin und rufe meine Mutter an und sage ihr, dass ich Verständnis dafür habe, dass sie schon etwas anderes ausgemacht hat und dass es mir Leid tut, erwartet zu haben, dass sie meinetwegen alles stehen und liegen lässt. Danach fühle ich mich besser und verspüre nicht mehr den Drang, mich voll zu stopfen.

Ließe sich nur der Auslöser aller Fressattacken so leicht ausfindig machen und beheben!

Manchmal scheint es, als seien unsere Mütter eine wandelnde Warnung, was aus uns werden könnte, wenn wir nicht Acht geben. Ein wichtiger Schritt zu meiner Genesung bestand darin, zu akzeptieren, dass meine Mutter ein eigenständiger Mensch ist und nicht jemand, der hier auf der Welt ist, um mir das Leben schwer zu machen oder mich zu bedienen. Meine Mom ist echt cool. Sie ist stark, sie hat Mut und einen wunderbaren Sinn für Humor. Das weiß ich inzwischen. Die mollige, freundliche, unglaubliche freigebige Mutter erinnert uns ständig daran, dass auch wir mollig werden könnten, wenn wir uns gehen lassen. Die zaundürre Mutter mit wöchentlichen Maniküterminen und auf Hochglanz polierten Pumps erinnert uns ständig daran, dass auch wir besser auf unser Aussehen achten, wenn wir im Rennen bleiben wollen. Die Mutter, die unsere beste Freundin sein will, erinnert uns ständig daran, dass auch wir einmal alt werden und uns an unsere Kinder klammern werden.

Von meinem jetzigen Standpunkt aus betrachtet, hat der Feminismus, mit dem wir aufwuchsen, unsere eigenen Mütter stets ausgeklammert. Während wir über die magere Frauenquote im höheren Management jammern, angesichts der Frauenfeindlichkeit der Männergesellschaft am liebsten Klagegesänge anstimmen würden und unsere Freundinnen im Beruf nach Kräften unterstützen, werden Mütter in dieses Spiel irgendwie nie einbezogen. Und wenn wir ehrlich sind, müssen wir ja wohl auch zugeben, dass es unsere Mütter sind, von denen wir uns emanzipieren wollen. Wenn Frauen sagen, sie wollen für andere Frauen Freiheit und Selbstbestimmung, dann gilt das nur mit der Einschränkung, dass diese »andere« nicht unsere Mutter ist. »Wir brauchen mehr Kindertagesstätten – aber meine Mutter wäre besser bei mir daheim geblieben.«

Unsere Mütter beneiden uns, wenn wir Teenager sind, weil wir in diesem Alter noch nicht mit Entscheidungen leben müssen, die wir für unser späteres Leben getroffen haben. Wir andererseits verabscheuen in diesem Alter unsere Mütter, weil sie gewzwungen sind, den eigenen Entscheidungen gemäß zu leben, und wir schwören jeden Eid, dass wir nie, niemals, dieselben Fehler machen werden. Und tun es dann trotzdem. Wir ertragen es nicht, Zeuge ihrer Schwächen zu sein, weil diese nichts anderes sind als der Spiegel unserer eigenen. Warum bekommen erwachsene Frauen einen Schreikrampf, wenn sie die Worte ihrer Mutter aus dem eigenen Mund kommen hören oder im Spiegel das Kinn ihrer Mutter entdecken? Bei mir sind es die Knie. Ich habe die Knie meiner Mutter, und ich will sie nicht haben!

Ich bin in einem Weiberhaushalt aufgewachsen. Doch anstatt gemeinsam Liebestränke zu brauen und Zaubersprüche auszutauschen, erklärten meine Schwestern und ich unserer Mutter den Krieg und ritten Attacken gegen unser eigen Fleisch und Blut. Doch so hässlich wir unsere Mutter auch behandelten, uns selbst behandelten wir noch schlechter. Als unsere Körper anfingen, Moms Brüste und Hüften zu entwickeln, rückten wir unserem eigenen Fleisch zu Leibe, fraßen uns einmal fett, um über die Kurven hinwegzutäuschen, und hungerten uns ein andermal herunter, um die unausweichliche Metamorphose wenn schon nicht ganz verhindern, so doch zumindest hinausschieben zu können.

Von meinem elften Lebensjahr an ignorierte meine Mutter meine Essstörungen. Während ich in meinem Zimmer eine

Fressorgie abhielt, kaufte sie Großpackungen Kitkat und bewahrte sie an Stellen auf, wo ich sie finden konnte. Sie kochte für eine zehnköpfige Familie, obwohl wir nur zu fünft waren, und häufte uns Knödel, Braten und Pudding auf die Teller. Sie bezahlte, als ich einem Roll-dich-schlank-Club beitrat, als ich Gloria Marshalls Erfolgsgeheimnis ausprobierte, und sie finanzierte auch die Weight Watchers. Aber sie hörte nicht auf zu kochen. Sie verlor nie ein Wort darüber, wenn Münzen aus ihrem Geldbeutel fehlten, und entfernte stillschweigend die leeren Schokoladenpapiere unter meinem Bett.

Wenn ich meine Mutter anschaute, sah ich den Körper, der mir missfiel, und die Frau, die ich werden würde, und ich rebellierte. Ich wollte die genetischen Vorzüge meiner blonden Freundinnen, deren Mütter gertenschlank waren und praktisch keine Oberweite hatten.

Die Mütter meine Freundinnen waren ihre besten Freundinnen, so wenigstens erschien es mir. Während meiner Schulzeit verbrachte ich viele Stunden in den Küchen meiner Freundinnen. Andreas Mutter setzte sich regelmäßig zu uns an den Tisch und ratschte mit uns über die anderen Mädchen in der Klasse. Sie kaufte Andrea die Kleider, die Andrea gefielen, sie hatte zu allem und jedem eine Meinung, und ich bewunderte sie grenzenlos. Mensch, warum konnte ich nicht so eine Mutter haben? Andreas Mutter war schlank und achtete auf ihr Gewicht und auf das ihrer Kinder, und sie machte, wenn sie es für nötig befand, mit ihnen gemeinsam Diät. Ich war mir völlig sicher: Hätte ich Andreas Mutter gehabt, wäre mein Leben vollkommen gewesen.

Und wenn nicht Andreas Mom, dann die von Katrina, die mit ihren Martini-Freundinnen Tennis spielte und nie zu

Hause war, wenn wir in ihrer Küche den Kühlschrank plünderten, die Katrina solange ausgehen ließ, wie sie wollte, und ihr erlaubte, Jungens zum Videoschauen einzuladen. Oder Maryannes Mutter, die sämtliche Väter bezauberte, wenn sie samstags beim Volleyballturnier mit sonnengebräunten Händen frisch gepressten Orangensaft ausgab. Sie war eine tolle Frau: schön, schlank und sexy.

Der erste Mensch, den ich auf dieser Welt kennen lernte, war meine Mutter. Die Hebamme hatte das Schlafzimmer meiner Mutter verlassen, um den Arzt zu holen, und während sie fort war, wurde ich geboren. Als ich zur Welt kam, war ich allein mit meiner Mutter im Zimmer. Ich verbrachte die nächsten einunddreißig Jahre damit, alles zu tun, um nicht wieder mit ihr allein in einem Zimmer zu sein. Sie machte nichts verkehrt. Sie liebte mich, ernährte mich, badete mich, sorgte für mich, gab mir alles, was ich mir wünschte, und noch mehr.

Die perfekte Mutter gibt es nicht. Okay, okay, das sind olle Kamellen. Aber warum ziehen wir dann immer noch die Mütter unserer Freundinnen der eigenen Mutter vor? Warum erklären wir, selbst die besten Mütter der Welt werden zu wollen? Weil wir trotz allem immer noch an Carol Brady glauben. Wir glauben an die perfekte Mutter. Andernfalls wären wir nämlich gezwungen, einzugestehen, dass auch wir, wie unsere Mütter, nicht vollkommen sind. Und nicht vollkommen zu sein, heißt Grenzen anzuerkennen.

Ich wünschte mir Carol Bradys Sinn für Chic, die Ausstattung des Einrichtungsgeschäftes und die manikürten Hände der Mutter meiner besten Freundin. Stattdessen bekam ich die nicht passenden Strumpfhosen meiner Mutter, Kitsch der

223

siebziger Jahre, abgeknabberte Fingernägel und unendlich viel Liebe und Großmut.

Es ist so viel einfacher, die weichgezeichnete Version von Mutterschaft zu akzeptieren, wie Carol Brady sie verkörpert, als die manchmal kreischende, schlürfende, überwältigende, kontrollierende, heulende Realität der Mütter, bei denen wir aufwachsen. Doch solange ich den Hüftgürtel, den Kitsch und die abgekauten Nägel nicht akzeptieren kann, vermag ich auch den Menschen nicht zu akzeptieren, der mir tagtäglich aus dem Badezimmerspiegel entgegenstarrt. Mein Schlüssel zur Selbstakzeptanz war die Akzeptanz meiner Mutter. Es gibt keine Carol Brady, sie existiert einfach nicht. Mütter haben Fehler, Mütter sind Frauen, die mit anderen Frauen konkurrieren, auch mit ihren eigenen Töchtern; Mütter können alkoholabhängig sein, diätsüchtig, einkaufssüchtig. Diese Mütter sind ganz zweifellos auf der Flucht vor ihrer eigenen Mutter, die sie jeden Morgen im Spiegel sehen.

Was mich betrifft, ich bin mir dieses Problems jetzt endlich bewusst und habe aufgehört, daran zu glauben, dass eines Tages meine Haare blond werden, dass meine Oberschenkel verschwinden und aus heiterem Himmel eine Haushälterin vor meiner Tür steht und für mich arbeiten will. Ich weiß, dass mich bei meinem ersten Kind Schlafentzug erwartet und dass ich meine Mutter verfluchen werde, wenn meine Brüste keine Milch hergeben.

Aber nicht nur meine Einstellung zu meiner Mutter bedurfte einer umfassenden Revision. Um den Heilungsprozess einzuleiten, musste ich sämtliche Aspekte meines Lebens einer peinlich genauen Prüfung unterziehen. Erwartungsgemäß verlief die Konfrontation mit mir selbst nicht immer erfreulich, und oft suchte ich im Kühlschrank Trost. Ich musste mich ganz und gar akzeptieren, mitsamt meiner Drei-Uhr-nachts-Fressanfälle und der rumorenden Eingeweide eine Stunde später, bevor ich begreifen konnte, dass ich sehr wohl die Fähigkeit besaß, mein Leben in den Griff zu bekommen und etwas daraus zu machen.

Der Heilungsprozess erstreckte sich über Jahre. Am Anfang stand das Eingeständnis, das ich meinen Eltern in einem Lokal in London gab, und abgeschlossen ist er bis heute nicht. Viele Male machte ich mir selbst weis, das Schlimmste läge hinter mir und ich hätte überhaupt kein Problem. Unabhängig davon, was man als äußere Hilfsmittel wählt – Bücher, Selbsthilfegruppen, Ärzte, Medikamente oder Yoga –, die emotionale Arbeit muss man ganz allein bewältigen. Aber wenn man aufhört, gegen den Schmerz oder die Fresssucht anzukämpfen, dann wird es tatsächlich besser. Mit der Zeit jedenfalls. Meine pathologische Dickköpfigkeit sorgte dafür, dass ich es schaffte. Ich stürzte mich mit derselben wilden Entschlossenheit auf meine Genesung wie zuvor während einer Fressattacke auf Eiscreme und Schokolade.

Der Kampf wird einfacher. Je mehr positive Entscheidungen man trifft, desto leichter fallen sie, bis sie einem schließlich in Fleisch und Blut übergehen. Natürlich muss man dem auf die Schliche kommen, was einem Probleme bereitet, und erfassen, warum das so ist, bevor man beginnen kann, etwas dagegen zu unternehmen. Und das braucht seine Zeit.

Es ist noch gar nicht lange her, da erhielt ich eine Einladung, für eine Fernsehshow vorzusprechen. Sie kam völlig unerwartet, und ich hatte nur vierundzwanzig Stunden Zeit, mich darauf vorzubereiten. Nachdem ich telefonisch einen

Termin vereinbart hatte, legte ich den Hörer auf und vergaß das Ganze bis zum nächsten Tag. Im Anschluss an das Vorsprechen ging ich wieder nach Hause und arbeitete an meinen anderen Projekten weiter. Erst Stunden später fiel mir auf, dass ich nicht ein einziges Mal über meine Figur nachgedacht hatte. Früher hätte ich vierundzwanzig Stunden lang gehungert, überzeugt, den Job nicht zu bekommen, weil ich zu dick war, und hätte meine eingebildete Fettleibigkeit (nach dem Vorstellungsgespräch) mit einer Fressorgie überkompensiert. Dieses Mal bekam ich den Job. Einen winzigen Augenblick lang streifte mich der Gedanke, ich bräuchte nun eigentlich einen Privattrainer, aber ich würgte diesen Gedanken ab, bevor er richtig Fuß fassen konnte. Ich wusste schließlich aus Erfahrung, wohin solche Denkvorgänge führen und dass daraus nichts Gutes entstehen kann.

Ich suchte mir einen Therapeuten, der mich auf meinem Weg unterstützte. Verhaltenstherapie ist nicht für jeden das Richtige. Es gibt zahlreiche andere Alternativen, mit denen du genauso gut oder vielleicht sogar besser zurechtkommst. Kurse, Wochenend-Workshops, Audio- und Videokassetten. Das Fressen bzw. Hungern ist nur ein Symptom für das, was tiefer drinnen passiert, und herauszufinden, was die Symptome auslöst, ist ein schmerzhafter Prozess. Du musst darauf vorbereitet sein, deinen Gefühlen zu lauschen, dir deine Emotionen bewusst zu machen und deinen bisherigen Lebenswandel mit detektivischem Spürsinn unter die Lupe zu nehmen.

Erst wenn du wirklich bereit bist, das Problem und alles, was dazugehört, anzunehmen, deine Lebensgewohnheiten zu sezieren und jeden Gedanken, jede Handlung und jedes

Gefühl zu analysieren, dann bist du auch bereit, dich von den Zwängen zu befreien, mit denen du dir selbst das Leben schwer machst. Das hieße: frei von Zwangsvorstellungen leben, jeden Augenblick genießen und zum allerersten Mal wahre Liebe und das wahre Leben erfahren. Und das wiederum ist ungeheuer spannend und die viele Mühe und harte Arbeit wert, die man dafür aufbringen muss.

Solltest du dich für eine Psychotherapie entscheiden, um deine Obsession loszuwerden, ist es wichtig, den richtigen Therapeuten zu finden. Ich habe einmal einer so genannten Therapeutin erlaubt, psychologische Experimente an mir durchzuführen, mich zu einer stationären Behandlung überreden lassen und, um diesen Spaß zu finanzieren, meine Lebensversicherung beliehen. Später fand ich heraus, dass die einzige Qualifikation der betreffenden Dame darin bestand, einen Fernkurs in Psychologie absolviert zu haben.

Genau wie die Obsessionen selbst gibt es auch psychotherapeutische Behandlungen in vielen verschiedenen Geschmacksrichtungen. Schau dich in Ruhe um, informiere dich. Vielleicht möchtest du erst einmal einige ausprobieren, bevor du dich für einen bestimmten Therapeuten bzw. eine Therapeutin entscheidest.

Um dir die Auswahl etwas zu erleichtern, habe ich eine Liste der gängigsten Fachausdrücke zusammengestellt, die dir bei der Wahl eines Psychotherapeuten gute Dienste leisten können.

Kernproblem
Das, was wir als »Obsession« bezeichnen und die Therapeuten Eltern nennen.

227

Auslöser

Alles, was dich dazu bringt, zu (fr)essen, zu trinken, hemmungslos einzukaufen, zu rauchen und zu atmen.

Grenzen

Das, was dein Therapeut unter großem Zeit- und Kostenaufwand (du zahlst!) errichten wird und du unter nicht minder großem Zeit- und Kostenaufwand wieder niederreißen wirst.

Unangemessenes Verhalten

Deinen Therapeuten zu einem Candlelight-Dinner einzuladen, wäre unangemessenes Verhalten.

Angemessenes Verhalten

Die Einladung deines Therapeuten zu einem Candlelight-Dinner auszuschlagen, wäre angemessenes Verhalten.

Dissoziation

Daran dürftest du leiden, wenn du vergisst, zu deiner Psychotherapiesitzung zu erscheinen.

Übertragung

Wenn du die Rechnung des Therapeuten dafür verantwortlich machst, dass du die Stromrechnung nicht bezahlen kannst, könnte man dies als Übertragung deiner finanziellen Unzulänglichkeit auf das Problem deines geldgierigen Therapeuten bezeichnen.

Freud

Ein sexbesessener österreichischer Psychiater.

Penisneid

Alles, was du in der Therapie zur Sprache bringst, wird als Penisneid interpretiert werden. Frag nicht warum, akzeptier es einfach. Solltest du Probleme haben, es zu akzeptieren, ist es garantiert dein Penisneid, der dir Probleme bereitet.

Freud'scher Versprecher

Sprichst du deine/n Therapeuten/in als Mutti oder Vati an, könnte man das als Freud'schen Versprecher bezeichnen.

Sockel

Auf einen solchen wirst du deinen Therapeuten während der ersten zehn Jahre deiner Therapie wohl stellen.

Funktionsstörung

Daran leidet jeder, der keine Therapie macht.

Die Zeit ist um

Rück die Knete raus.

Mir hat Psychotherapie geholfen, mein Leben zu ändern. Nachdem ich verstehen lernte, warum ich mich so verhielt und nicht anders, und begriff, dass man sehr wohl die Möglichkeit hat, über den eigenen Schatten zu springen, und dass es immer Alternativen gibt, war ich in der Lage, mein Leben auf Dauer zum Positiven hin zu verändern. Das wöchentliche Gespräch mit dem Therapeuten gab meinem Leben eine Struktur, die vorher gefehlt hatte. Oft wollte ich gar nicht hin, hielt aber trotzdem durch. Als die Depressionen am schlimmsten waren, ging ich zweimal die Woche, fast ein Jahr lang, und arbeitete hart daran, meine Ängst in den Griff zu bekommen.

Irgendwann wurde mir klar, dass ich die Fressanfälle nur dann würde loswerden können, wenn es mir gelänge, die Kontrolle über mein Leben zurückzugewinnen, nicht mehr den Nahrungsmitteln die Schuld zu geben und bewusst zu essen. Ich musste *präsent* sein, wenn Nahrungsmittel vor mir standen. Ich musste aufhören, etwas in sie hineinzudichten. Die Lebensmittel hassten mich nicht, aber sie liebten mich auch nicht, sie wollten mich nicht zum Essen verführen. Sie waren empfindungslos, ihnen war völlig egal, ob ich sie aß oder nicht. Es waren ganz einfach Nahrungsmittel. Wie bereits gesagt, das sind ganz offensichtliche Tatsachen, aber erzähl das mal einer Frau mit massiv gestörtem Körpergefühl.

Doch auch als ich es nach jahrelangen Mühen endlich geschafft hatte, den emotionalen Aspekt auszuschalten, sämtliche Lebensmittel als »legal« betrachtete und nicht länger unter Fressattacken litt, war ich mir bewusst, dass ich noch weiter an mir bzw. meinem Essverhalten würde arbeiten müssen. Warum hatte ich zu bestimmten Zeiten Heißhunger? In wessen Gesellschaft aß ich mehr, in wessen weniger? Ich musste meine Essgewohnheiten strukturieren und begab mich auf die Suche nach einer Diätistin. Allerdings musste ich ein rundes Dutzend von ihnen konsultieren, bevor ich eine fand, die die Non-Diet-Philosophie verstand. Bei meinem ersten Termin bei ihr forderte sie mich auf, mir selbst einen Ernährungsplan aufzustellen, und sie gefiel mir auf Anhieb.

Ich lernte, die Verantwortung für mein Essen zu übernehmen, darauf zu achten, was ich aß und wie es sich auf mein

Befinden auswirkte. Der Gedanke, ohne Schlankheitskuren zu leben, machte mir Angst. Die Regeln und Glaubensgrundsätze loszulassen, die mein Leben so lange bestimmt hatten, war alles andere als leicht. Aber ich schaffte es. Ich schaffte den Absprung aus dem Diätroulette und entkam dem Teufelskreis. Und ich überlebte. Ich erkannte, dass die Annahme, eine Schlankheitskur würde mein Leben auf die Reihe bringen, der Perfekte Körper würde das Leben in einer unvollkommenen Welt einfacher machen, und ein Stück Schokoladentorte würde mich das Leben kosten, nichts weiter war als eine fixe Idee.

Manchmal erlitt ich einen Rückfall und glaubte, niemals das Fressen aufgeben zu können und irgendwann so fett zu sein, dass ich durch keine Tür mehr passte. Trotzdem blieb ich standhaft und gelobte, nie wieder eine Diät zu machen. Und irgendwann war es dann tatsächlich so weit. Dank harter Arbeit, emotionaler Unterstützung und haufenweise Informationen aus dem Internet und meiner Buchhandlung um die Ecke. Das Dasein ohne Schlankheitskuren war ein völlig neues Lebensgefühl und eröffnete mir eine völlig neue Welt. Eine Welt, in der Nahrungsmittel und Figur nebensächlich wurden und in der (fast) keine Figurvergleiche existierten. Ich fing an, jeden Tag Gymnastik zu machen. Anfangs ging ich spazieren, genoss den Sonnenschein und die frische Luft. Natürlich war ich versucht, zu meinem Stepmaster und dem Aerobic-Unterricht zurückzukehren, aber ich widerstand der Versuchung, weil ich aus Erfahrung wusste, dass dies letztlich in einer Sackgasse mündete. Mein Körper sehnte sich nach Bewegung, und ich hörte auf ihn. Behutsam, sagte er, geh es behutsam an. So begann ich mit Yoga und war überrascht, wie sehr diese sanften Übungen meine Figur verändern halfen. Ein weiterer Diät-Mythos war Lügen gestraft: Bewegung muss weder eine lästige Pflicht noch furchtbar anstrengend sein, um (sichtbar!) Wirkung zu zeitigen.

Endlich konnte ich meine Freundinnen anschauen und sie als die schätzen, die sie sind, ohne sie nach ihrer Figur zu beurteilen. Aber es erforderte auch Kraft, die Freundinnen ziehen zu lassen, die nach wie vor im Diätroulette gefangen waren. Für Diätgefährtinnen gab es in meinem neuen Leben keinen Platz mehr.

Glaub mir: Es gibt Hoffnung für jene, die in einer elenden Diätbeziehung gefangen sind, mit letzter Kraft auf die Ziellinie zustolpern und in Kilojoules, Zellulitis, Broteinheiten und Konfektionsgrößen kommunizieren. Es gibt sogar Hoffnung für diejenigen unter uns, die noch immer in einer festen (Pseudo-)Beziehung mit einer Diätgefährtin stecken.

Die Anwälte Weight, Weight & Limber warten nur auf deinen Anruf. Auf Diät-Scheidungen spezialisiert, verstehen die kompetenten Mitarbeiter dieser Kanzlei – die meisten selbst ehemalige Süchtlinge – die Probleme, die die Trennung von deiner Diätgefährtin mit sich bringt. Sie wissen um das Herzeleid, das der Abschied von Diätratgebern, Heimtrainern und raumhohen Spiegeln mit sich bringt. Sie haben Verständnis für die Sahnetortenschlachten und die üblen Nachreden, die sich automatisch einstellen, sobald jemand die Diät-Scheidung einreicht, sie kennen die gehässigen Bemerkungen (»Nein, ich habe nichts von ihr gehört, sie ist völlig wahnsinng geworden, isst jetzt schon früh um acht Pralinen und kommt nicht mehr zur Hungergruppe; keine Ahnung, was da in sie gefahren ist, von allen guten Geistern verlassen ...«), die verstohlenen Blicke auf die Pappkarton-Cracker im Süßigkeitenregal.

Weight, Weight & Limber bieten dir einen Komplettservice in den heimischen vier Wänden und machen die Diätscheidung so schmerzlos wie möglich. Sie verschaffen dir sogar Kontakt zu einer Selbsthilfegruppe in deiner Umgebung, wo du andere kennen lernen kannst, die Opfer einer destruktiven Diätbeziehung waren. (Und wenn du heute vor 18 Uhr anrufst, schicken sie dir kostenlos ein Exemplar ihres Buches »Das Ende der modernen Diätbeziehung, wie frau mit Freundinnen kommuniziert, ohne sich aufs Weightwatchen zu kaprizieren«.)

»*Gelobst du, Rachael Oakes-Ash, von heute an deine Finger von Andreas Kuchen zu lassen, dich aus dem Diätroulette zurückzuziehen und nicht mehr an den Wettrennen teilzunehmen?*«

»Ja, ich gelobe.«

»*Gelobst du, Andrea, Rachael zu erlauben, sich elegant zurückzuziehen, sie nie mit Zeitungsausschnitten über neue Wunderdiäten in Versuchung zu führen und dich jeden Kommentars über ihr Gewicht und ihre Figur zu enthalten?*«

»Ja, ich gelobe.«

»*Hiermit erkläre ich diese Diätehe für geschieden. Ihr dürft jetzt der Waage einen Abschiedskuss geben.*«

»Oh, danke, Euer Ehren, danke ... Meinen Sie, Sie können etwas unternehmen, damit diese Gewichtsaufzeichnungen aus der 7. Klasse auf immer und ewig verschwinden?«

Brave Mädchen schlucken alles

Ich bin stolz auf meinen schönen Hintern. Er ist rundlich, mollig, und ich fühle mich wohl mit ihm. Vor die Wahl gestellt, würden wahrscheinlich nur wenige Frauen meinen Allerwertesten wählen, aber ich würde ihn jederzeit wieder nehmen. Hollywoodstars würden ihn sich abhungern, Damen der gehobenen Gesellschaftsschichten würden ihn sich für viele Tausender absaugen lassen. Sie vertragen einfach keinen individuellen Po, keinen, der selbstbewusst ein eigenes Statement abgibt: »Hallo, hier bin ich.«

Warum muss ich unglücklich sein, wenn ich ein dickes Hinterteil, eine breite Taille oder praktisch keine Oberweite habe? Was zwingt mich, in Umkleidekabinen mit Verhörzimmerbeleuchtung Röcke und Hosen in viel zu kleinen Konfektionsgrößen anzuprobieren? Warum machen vierzehnjährige Kinder Reklame für Anti-Falten-Creme? Was ist so verkehrt an meinem Größe-42-Gesäß? Welche Frau würde am Sterbebett allen Ernstes sagen: »Ich wünschte, ich hätte mehr auf meine schlanke Linie geachtet«?

Es gab einmal eine Zeit, da hätte ich nie und nimmer geglaubt, etwas Derartiges sagen zu können, aber jetzt finde ich, es ist allerhöchste Eisenbahn, dass wir uns verbünden: Frauen mit dicken Ärschen, runden Bäuchen und kräftigen Oberschenkeln vereinigt euch! Es wird Zeit, dass wir zu unserem Hinterteil stehen. Je dicker die Gesäße, desto mehr Nachfrage nach großen Größen. Die Modemacher werden ihren Standard-Zehn-Zentimeter-Schnittmustern ein paar Meter Stoff hinzufügen dürfen. Aber halt, das ist noch lange nicht alles. Wir müssen den Verkäuferinnen zureden, mehr zu essen, stolz auf ihren Allerwertesten zu werden und ehrlich in ihrer Meinung über den unseren. Wir brauchen ein Po-In. Eine kollektive Gemeinschaft von Po-Prinzessinnen, die alle Modegeschäfte bevölkern. Auf Fragen wie »Sieht mein Hintern darin auch richtig dick aus?« wird dann die Antwort kommen: »Ja, Ihr Po ist ge-wal-tig und wunderschön!« Autoaufkleber mit Sprüchen wie »Dick ist schick« und »Fetter Hintern fährt mit« werden unsere breitsitzigen Wagen zieren. Wir machen es wie damals in den Sechzigern – wir verbrennen unsere Miederhöschen und lassen die Ärsche frei hängen. Oh, das wird super!

Auf meiner Jagd nach dem Perfekten Körper habe ich Abführmittel und Ipecac-Sirup getrunken, Tausende Zigaretten inhaliert, Speed-Pills geschluckt und mich halb tot gehungert. Mein Stoffwechsel war von dem Augenblick an gestört, in dem ich meine erste Diät begann. Wenn man den Körper herunterhungert, verlangsamt sich der Stoffwechsel. Je öfter bzw. mehr man hungert, desto schwieriger wird es folglich, abzunehmen.

Ich darf mich glücklich schätzen. Ich gehöre zu den wenigen, die keine Dauerschäden davongetragen haben. Ich hätte unfruchtbar werden können von meinen Hungerkuren, aber ich bin es nicht. Meine strahlend weißen Beißerchen hätten säurebraun werden können, aber das war nicht der Fall. Meine Eingeweide hätten den Geist aufgeben können und mich für meinen ständigen Abführmittelmissbrauch mit lebenslanger Verstopfung strafen können. Sie haben es nicht getan.

Ich habe Schwangerschaftsstreifen am Busen und an den Hüften vom dauernden Ab- und Zunehmen. Ich bin übervorsichtig mit Medikamenten als Folge der Antidepressiva, die ich lange Zeit schluckte. Meine Zähne haben mehr Löcher als der Durchschnitt, weil ich zu viel Süßes aß. Aber im Großen und Ganzen bin ich gesund. Wenn ich infolge einer Virusinfektion brechen muss, überkommt mich immer noch ein kurzes Hochgefühl angesichts der Möglichkeit, dass ich dadurch etwas abnehme. Aber heute bin ich lieber gesund als dass ich über der Kloschüssel hänge.

Früher hätte ich den Perfekten Körper nicht erkannt, wenn er beim Essen neben mir gesessen hätte. Hätte ich ihn selbst gehabt, hätte mir der Spiegel etwas anderes eingeredet. Ein Perfekter Körper ist nicht möglich ohne NKI, aber andererseits hindert NKI einen daran, einen PK zu haben.

Wenn die Mehrheit der Menschen einen Nicht Perfekten Körper (NPK) hat, dann müsste der NPK doch eigentlich die Norm sein, oder nicht? Ist aber der NPK die Norm und niemand will von der Norm abweichen, warum gelüstet es uns dann nach dem Abnormen? Sollten wir uns nicht freuen, im Rahmen des Normalen zu bleiben? Brauchen wir das Anomale, um glücklich zu sein? Wenn ich nur darüber nachdenke, bekomme ich schon Kopfschmerzen.

Ist der Perfekte Körper das Ideal, dann wäre das Leben ohne ihn bedeutungslos. Der Perfekte Körper ist irrational, unerreichbar und schlichtweg gefährlich, und für alle, die dem Perfekten Körper huldigen, wird das Leben zeitlebens bedeutungslos bleiben. Die Unterschiedlichkeit der Figuren auf den

236

Stufen des Amphitheaters hätte uns lehren sollen, dass es keinen »One-size-fits-all-Körper«, keinen Perfekten Körper gibt.

In der Pubertät entdeckten wir unser Ich und definierten unsere Identität. Wir beurteilten uns nach Bekleidungskodex, Freund und Party-Outfit. »Hast du das Kleid gesehen, das sie Samstagabend anhatte, so super kurz, sie hält sich wohl für wer weiß was Besonderes? Dabei hat sie solche Stangenbeine, so lang und dürr, das soll schön sein?« »Natürlich sind alle Jungs scharf auf sie. Sie schmeißt sich ja auch jedem an den Hals.« Übersetzt: »Ich kam mir bei der Party vor wie ein Mauerblümchen. Ich habe mich ausgeschlossen gefühlt. Meine Beine sind zu dick. Am liebsten hätte ich mich versteckt. Alle Jungs spotten über mich.« Die Obsession bezüglich unseres Körpers war so gewaltig, dass wir unser Ich verloren, bevor wir die Chance hatten, es überhaupt zu entdecken.

Schlankheitskuren sorgten dafür, dass wir uns nicht mit unserer erwachenden Sexualität auseinander setzen mussten, als unsere Körper einen eigenen Willen und eigene Kurven zu entwickeln begannen. Wenn wir uns voll auf unsere Figur und darauf konzentrierten, wer zu- und wer abgenommen hatte – »Angelas Oberschenkel sind ganz schön kräftig geworden, findest du nicht?« bzw. »Doreen hat echt abgespeckt. Wie schafft sie das bloß?« –, konnten wir weitgehend ignorieren, wie unsere Eltern daheim herumschrien, wie unsere Schwestern mit ihrem Freund herumpoussierten und dass wir jeden Monat zu bluten begonnen hatten.

Es ist ein Mythos, dass ein Mädchen, das Diät macht, ein braves Mädchen ist. Brave Mädchen bekommen gute Jobs, brave Mädchen bekommen einen gut aussehenden Freund, brave Mädchen bekommen Vierzimmerwohnungen mit Swimmingpool, und alles nur, weil brave Mädchen nichts schlucken. Der Preis dafür, ein braves Mädchen zu sein, ist das Hungern: Iss nichts, und du bekommst alles, was die Werbung verspricht.

Doch: Es gibt Neuigkeiten! Du musst nicht hungern, um ein braves Mädchen zu sein. Ob du Frühstück, Mittag- und Abendessen isst oder nicht, hat keinerlei Einfluss darauf, ob du bei dem Vorstellungsgespräch gut abschneidest oder nicht, oder ob du einen liebenden Gatten findest oder nicht. Du kannst deinen Lieblingsblumentopf darauf verwetten, dass es dich auf deinem Sterbebett einen feuchten Kehrricht kümmern wird, welche Konfektionsgröße dein Leichenhemd hat. Eine unheilbare Krankheit würde direkt begrüßt, würde sie doch bedeuten: »Prima, jetzt kann ich richtig reinhauen, jetzt ist es schon egal, weil ich ja eh sterbe, also nehme ich dieses Stück Schokotorte und, ja bitte, auch echte Schlagsahne in den Kaffee.« Aber weißt du was? Wir alle haben eine unheilbare Krankheit. Sie heißt Leben. Und wir alle müssen sterben, ob wir nun hungern oder nicht.

Wenn dir an einem gesunden Körperimage gelegen ist, musst du es schaffen, dich von dem Image zu lösen, das die Werbung uns ständig vorhält – auf Reklametafeln, im Fernsehen und in Zeitschriften. Deine alten Barbiepuppen in den Müll zu werfen und keine Hochglanz-Modemagazine mehr zu kaufen, ist nicht unbedingt der richtige Weg, zumindest nicht für Mädchen, die vorhaben, erwachsen zu werden. Es ist nun mal menschlich, das zu wollen, was man nicht hat, und wenn du Barbie aus deinem Heim verbannst, heißt das nicht, dass damit auch dein Verlangen nach Barbies Figur verschwunden ist. Also behalte sie ruhig. Verbring dafür öfter mal einige Stunden in einem öffentlichen Schwimmbad. Das kann ausgesprochen nützlich sein, denn wenn du dich dort umschaust, siehst du unter Garantie jede Menge ganz unterschiedliche Figuren, die weiß Gott nicht dem Perfekten Körper gleichen. Ziel ist, den Perfekten Körper als das zu entlarven, was er tatsächlich ist – ein künstliches, retuschiertes, digital überarbeitetes Image.

Wie viele Stunden, glaubst du, hast du mit Schlankheitskuren vertan, mit Lamentieren über dein Gewicht und damit, die Nachbarin um ihren flachen Bauch zu beneiden? Wie oft hast du in der Tretmühle des Fitnessstudios geschwitzt, während draußen die Sonne lachte? Wie viele Verabredungen hast du sausen lassen, wie viele Strände nicht besucht, wie viele Partys verpasst, weil du dich für zu dick hieltest?

Kein Mensch auf dieser Welt ist dazu da, vierundzwanzig Stunden am Tag für dich da zu sein – nicht deine Mutter, nicht dein Vater, nicht dein Freund und auch nicht deine beste Freundin. Du bist nicht der Mittelpunkt des Universums. Du wirst es überleben, wenn du zu einer Party keine Einladung erhältst, wenn du den Job, den du dir wünschst, nicht bekommst, du wirst es überleben, wenn dein Freund dich verlässt, und du wirst es sogar überleben, das dickste Mädchen auf der Party zu sein. Du wirst dich vielleicht ärgern, echt wütend werden, eifersüchtig oder auch furchtbar traurig, aber du wirst es überleben.

Auf dieser Welt gibt es viele Grenzen. Alles hat einmal ein Ende. Beziehungen gehen kaputt, der Urlaub dauert nicht ewig, und auch dein Überziehungskredit hat ein Limit. Du wirst älter, kommst in die »besten« Jahre und wirst schließlich alt. Du wirst nie wieder den Körper einer Neunzehnjährigen haben. Ich bin jetzt erwachsen, und damit geht eine gewisse Verantwortung einher. Ich habe dreißig Jahre gebraucht, um erwachsen zu werden und ein »Nein« zu akzeptieren.

Noch heute lähmt mich das Wörtchen »Nein« zuweilen. Wer würde denken, dass ein so kleines, unschuldiges einsilbiges Wort eine solche Macht besitzt, dass es mich um zwanzig Jahre zurückwirft? »Nein, Rachael, ich kann dich nicht von der Arbeit abholen, dich nicht auf einen Drink treffen, dir keine Gehaltserhöhung geben, dir keinen Traumjob anbieten, dir nicht die Ausbildung zur Schauspielerin finanzieren, dir keinen Cocktail mischen.« Dann werde ich starr vor Angst und Wut und kann es nicht fassen. Noch heute passiert es, dass ich dann mit den Stöckelschuhen aufstampfe, die geschminkten Lippen zu einem beleidigten Schmollmund verziehe und so zu kochen beginne, dass es aus meinen gestylten Haaren dampft. Manchmal setzte ich als letztes Mittel sogar wieder meinen patentierten Fünf-Stufen-A-bis-E-Plan ein, um zu kriegen, was ich will. Allerdings bekomme ich es im Erwachsenenland bisweilen trotzdem nicht.

Früher liebte ich Carol Brady. Heute liebe ich meine eigene Mutter und stimme ihr aus vollem Herzen zu, wenn sie sagt, sie könne diese dumme Person nicht ausstehen. Welche Frau, die ganz richtig im Kopf ist, geht mit einem Mann wie Mike ins Bett und liest dann? Welche Frau, die halbwegs bei Sinnen ist, findet einen Mann mit Bügelfalten in der Pyjamahose sexy? Welche Frau, die alle Tassen im Schrank hat, würde in ein Haus einziehen, in dem es keine Toilette gibt?

Ich habe meine Eltern und meine Schwestern gehasst, mich selbst verabscheut und auf die ganze Welt geschimpft. Ich wollte in jeder anderen Familie leben, nur nicht in meiner. Jahre der Konfrontation, ungeschminkter Blicke auf mich und mein Verhalten, Jahre der Frage, was gut für mich ist und was nicht, und schließlich der Schritt, nur noch das anzunehmen, was mir als das Beste für mich erscheint – sei es in der Wahl von Partner, Freunden oder Jobs –, haben mich gelehrt, mich selbst zu lieben und damit auch meine Familie. Heute sind mir meine Eltern eine unglaubliche Stütze. Sie haben mich nicht im Stich gelassen, selbst als ich ihnen die Schuld an allem gab, was in meinem Leben schief ging. Ich weiß, dass ich ohne sie nicht hier wäre und diese Geschichte nicht erzählen könnte.

Mein Leben ist keine Horrorstory, es ist einfach nur mein Leben. Warum die Vergangenheit beklagen, die letzten zehn, fünfzehn, zwanzig Jahre, wenn ich die nächsten zehn, fünfzehn, zwanzig damit verbringen kann, aus dem Fundus meiner emotionalen Erfahrungen zu schöpfen? Ich würde keinen Augenblick meines Lebens hergeben, nicht einen einzigen. Ich habe nicht immer so gedacht, aber heute tue ich es.

Aus mir hätte eine Alkoholikerin, eine Spielerin oder eine Drogensüchtige werden können, stattdessen wurde ich ess- und diätsüchtig. Ich entschied mich, meinem Körper die Schuld an allem zu geben, was in meiner Welt nicht stimmte. Heute weiß ich, dass Verluste und Enttäuschungen zum Leben dazugehören und dass das Leben nicht immer fair ist. Aber ich bin auch überzeugt, dass das Leben schön und wertvoll ist und gewürdigt werden will. Jedes Mal, wenn ich esse, wenn ich Hunger habe, wenn ich mit meinem Freund zusammen bin und den Augenblick genieße, ohne mir Gedanken über Zukunft oder Vergangenheit zu machen, wenn ich mit meiner Mutter am Küchentisch sitze und mit ihr über irgendetwas lauthals lache, dann wird mir klar, dass all das nicht selbstverständlich ist. Zu wissen, wie das Leben ohne sie ist, macht diese Momente so sehr viel kostbarer.

Ich mache mir nicht vor, dass mein Leben in Zukunft nur eitel Sonnenschein sein oder dass es für mich rote Rosen regnen wird. Ich bin erwachsen genug, um zu wissen, dass das unmöglich ist. Aber ich verfüge jetzt über die Mittel, mit allem, was sich mir in den Weg stellt, fertig zu werden, und ich weiß, dass auch ungeheuer viel Freude und Glück vor mir liegen. Ich bin kein Guru. Früher einmal hätte ich mir in dieser Rolle gefallen: Schaut mich an, bewundert mich, blickt auf zu mir, bewundert mich. Inzwischen weiß ich, dass mir zu viele Antworten fehlen, um diese Rolle überzeugend spielen zu können.

Die Dinge kommen nicht von sich aus in Ordnung. Es kostet Mühe. Nichts wird besser, solange nicht die emotionale Arbeit geleistet ist. Sich das Problem einzugestehen, bringt momentan unglaubliche Erleichterung und die Überzeugung, dass die Welt vielleicht doch ganz okay ist. Aber beide Gefühle sind kurzlebig. Ohne harte Arbeit geht es nun mal nicht.

Wenn du Antworten haben willst, musst du sie in dir selbst suchen. Ich weiß nur, was für mich richtig ist. Ich wünschte, ich hätte auch für dich die Lösung. Ehrlich. Ich wünschte auch, ich könnte etwas gegen die Armut auf unserem Planeten unternehmen, Miss-Wahlen verbieten und der von Männern dominierten Welt der Werbung und der Medien ein bisschen Vernunft einimpfen.

Fang am besten einfach damit an, dass du schluckst, dass du etwas isst und es hinunterschluckst und behältst, nicht wieder auskotzt oder dich überfrisst und es mithilfe von Abführmitteln wieder herausscheißt. Überlege dir genau, was du willst. Werde erwachsen. Du kannst kein zehnjähriges Kind bleiben, das im Süßigkeitsladen steht und sagt: »Ich will das da. Nein, das dort. Nein, ich will, was die hat. Nein, das da will ich.«

Wer weiß, ob mein Leben anders verlaufen wäre, wenn ich ein Naturtalent für Ballett oder eine perfekte naturblonde Mutter gehabt hätte oder erst viel später in die Pubertät gekommen wäre. An meinem NKI und meinen Essstörungen waren eine ganze Reihe von Faktoren schuld. Ich neige von Natur aus zum Exzessiven, zum Teil ist es antrainiert, zum Teil bin ich aber auch erblich vorbelastet. Meine weiblichen Vorfahren hatten fast alle einen Hang dazu. Aber meine Unfähigkeit, mit Geld umzugehen, meine Einkaufssucht, das Verlangen, mich mit Alkohol und Drogen kaputtzumachen – das alles war nur Ausdruck meiner Weigerung, mich selbst zu akzeptieren und die Essstörungen zur Kenntnis zu nehmen, die mein Leben bestimmten. Es gibt keinen einzelnen Auslöser für mein lebenslanges Verhalten. Und es ist lebenslang.

Ich esse immer noch, um mich über Unangenehmes hinwegzutrösten. Wer tut das nicht? Aber ich hasse mich nicht mehr tagelang dafür. Schokolade ist immer noch die beste Medizin, wenn ich absolut down bin, und sie schmeckt einfach wunderbar. Meine Visaabrechnung schwankt zwischen roten und schwarzen Zahlen, aber ich habe meine Ausgaben im Griff. Und ich kann meinen Fuß auf die Straße setzen, ohne mich von den Schaufensterauslagen in Versuchung führen zu lassen, die mit dem neuen Kleid ein ganz neues Leben verheißen.

Auch ohne meine Essstörungen befällt mich hin und wieder eine Anwandlung von NKI. Es kommt immer noch vor, dass mein verzerrtes Selbstbild sein hässliches Haupt zeigt. Wenn ich Angst habe, mich unsicher oder einfach elend fühle, sehe ich bisweilen gute fünf Kilo Übergewicht, die sich auf wundersame Weise über Nacht auf meinen Hüften angesetzt haben. Allerdings fällt mir zunehmend auf, dass das vor allem dann der Fall ist, wenn ich rückfällig werde und wider besseres Wissen an die Existenz eines Perfekten Körpers glaube.

Es ist nicht leicht, sich in einer Welt, in der an jeder Ecke zweidimensionale dünne Leute lauern, nicht hin und wieder dick vorzukommen. Aber gewöhnlich ist dies einfach ein Zeichen dafür, dass ich mein inneres Gleichgewicht verloren habe, dass irgendetwas in meinen Leben nicht stimmt – etwas, das überhaupt nichts mit meiner Figur zu tun hat. Dann rufe ich mir wieder ins Gedächtnis, dass sich mein Leben nicht ändern wird, wenn ich meine Figur ändere, aber dass ich sehr wohl etwas ändern kann, wenn ich mein Denken umstelle. Und komischerweise habe ich bis zum nächsten Blick in den Spiegel dann auch regelmäßig die besagten fünf Kilo wieder abgenommen. Diese Gedankendiät wirkt immer!

Manchmal vermisse ich die Fressorgien, aber das Leben geht weiter. Schließlich weiß ich, dass die Fresserei nichts in Ordnung bringt, genauso wenig wie ein Mann alles in Ordnung bringen kann. Ich erwarte nicht mehr, dass ein Fressanfall, ein Mann, ein Auftrag oder irgendwelche Kleider mein Leben in Ordnung bringen, weil es da nichts Gravierendes mehr in Ordnung zu bringen gibt. Ich bin okay, so wie ich bin. Natürlich gibt es Augenblicke der Angst ... lieber Gott, wenn er mich nun nicht mehr liebt, wenn sie den Auftrag kriegt oder niemand mein Buch lesen will ... Aber dabei bleibt es auch, es sind Augenblicke, und Augenblicke gehen vorüber, vorausgesetzt natürlich, man lässt es zu.

Wenn ich mich dabei ertappe, dass ich in der Küche herumhänge oder die Reste vom Teller meines Freundes nasche, dann weiß ich, dass irgendetwas mit meiner Welt nicht im Lot ist. Heißhungeranfälle sind ein sicheres Warnsignal – sie wollen mir etwas sagen: *Hallo, Rachael, da ist etwas, womit ich mich nicht wohl fühle. Ich muss es loswerden, aber im Moment fällt mir keine andere Lösung ein als zu fressen. Kannst du mir helfen?* Sobald ich anfangen will oder tatsächlich anfange zu fressen, sei es ein Donut oder zehn Tüten Popcorn, kann ich es auf einen Auslöser zurückverfolgen und mir selbst die Unterstützung geben, die ich brauche. Der Fressanfall geht dann vorüber.

Es ist unmöglich, an einem einzigen Tag fünf Kilo zuzunehmen. Meine vier Buchstaben können nicht über Nacht dreißig Zentimeter Umfang zulegen. Das passiert höchstens in meinem Kopf. Außerdem gibt es keine Maximalanzahl schlanker Körper auf unserem Planeten. Das heißt, ich stehle niemandem seine Figur, wenn ich abnehme, und niemand stiehlt mir meine, wenn ich dick werde. Der Konkurrenzkampf mit anderen Frauen hindert mich nur daran, eine offene und ehrliche Freundschaft mit ihnen einzugehen. Und es gibt so viele Gemeinsamkeiten.

Was die Diäten versprachen, habe ich bekommen. Ich habe eine Figur, die gut aussieht, ich habe einen Job, den ich liebe, ich habe den Mann, den ich mir wünsche. Auf Dauer bekam ich es jedoch erst, als ich *aufhörte*, Diäten zu machen. Der glamouröse Lebensstil von vorher, die hektischen Auftritte im Rampenlicht, berühmte oder reiche Freunde, Designerklamotten, eine Wohnung mit Meerblick – das alles bedeutete nichts und machte mich nicht glücklich, weil ich überzeugt war, es nur zu verdienen, wenn ich dünn war. Brave Mädchen schlucken alles und kriegen den Job und das Auto und den Mann – wenn es das ist, was das betreffende brave Mädchen will.

Heute hebe ich mir meine Gefühlsexzesse lieber für die schönen Dinge des Lebens auf, Schreiben zum Beispiel,

Schauspielern oder Liebemachen, und Selbstbestrafung interessiert mich schon lange nicht mehr. Wäre das Leben eine Kreditkarte – ich wäre glücklich mit meinem Limit.

Bei der Geburt bekommt jeder von uns ein Stück vom großen Kuchen mit. Dieser Kuchen ist unheimlich lecker, und ein Stück ist ganz allein für uns reserviert. Es ist unser eigenes perfektes Kuchenstück, und es ist weder größer noch kleiner als alle anderen. Die meisten Menschen wissen nicht einmal, dass sie ein eigenes Stück Kuchen besitzen, ganz zu schweigen davon, welche Geschmacksrichtung es hat, aber trotzdem gieren sie nach den Stücken der anderen. Wenn wir uns nach Aufmerksamkeit oder Anerkennung sehnen, kommen wir nicht auf den Gedanken, in unserem Inneren danach zu suchen. Wir starren nach außen und wünschen uns insgeheim Kuchenstücke, die jemand anderem gehören, wollen aber unbedingt vermeiden, dass man uns unseren hungrigen Blick ansieht.

Ich habe beschlossen, eine Party zu geben, zu der ihr alle eingeladen seid. Zieht euer Sonntagskleid an, und sagt all euren Freundinnen, dass auch sie mitkommen sollen. Das Fest findet in einem Zelt mitten in der Wüste statt. Es ist mit schimmernden Seidendraperien verhängt, goldgelb und purpurrot, und auf dem Boden liegen bequeme Samtkissen verstreut. Es gibt eine riesige Torte, zwei Meter hoch, mit einer sündhaft leckeren Zuckergussglasur. Gefüllt ist sie mit einer verführerischen Mischung aus sexuellen Versprechen, erfüllten Karriereträumen, Freundschaften und Familienglück.

Mit meinem Silbermesser werde ich sie in gleiche Teile aufschneiden, ganz gerecht, lauter gigantische Stücke, serviert auf edlen Porzellantellern mit echtem Goldrand. Jedes Stück ist so gehaltvoll, dass diejenige, die es bekommt, nicht länger neidisch auf die anderen Stücke schielt. Und wenn ungeladene Gäste oder Tortendiebe kommen, dann liegen auch für sie eigene Stücke bereit.

Du hast dieses Tortenstück bereits. Es enthält alles, was du brauchst, um ein glückliches Leben zu führen. Es ist genauso gut wie das aller anderen Menschen, nicht besser, aber auch garantiert nicht schlechter. Und ganz genauso schmackhaft. Ab und zu erwischst du vielleicht einmal einen Bissen, der etwas bitter schmeckt, aber der nächste wird wieder süß sein, und sei es nur im Vergleich zum letzten. Es gibt ein Limit, wie viel von deinem Stück du jemand anderem zum Kosten geben kannst, und wie viel du selbst von fremden kosten darfst. Aber das ist gut so, denn kein anderes Tortenstück kann dir dieselbe Befriedigung verschaffen wie das eigene. Also komm, nimm eine Gabel voll, genieße den Geschmack, die Süße und die Herbheit. Schmeckt das nicht köstlich? Wetten, du hast nicht gedacht, dass es so gut ist! Mmmmmm, und es stand die ganze Zeit vor deiner Nase! Jetzt brauchst du es nur noch ganz langsam und genüsslich aufzuessen.

Zutatenliste

Die in der Einführung zitierten Statistiken stammen aus den folgenden Quellen:

Wie viele Menschen eine Schlankheitskur gemacht haben:
95 Prozent aller Frauen haben irgendwann eine Diät gemacht. Dr. Liz Dittrich, Director of Research and Outreach, San Francisco. www.about-face.org

Abgehungertes und wieder zugenommenes Gewicht:
95 Prozent der Menschen, die eine Diät gemacht haben, haben innerhalb von zwei Jahren alle abgehungerten Pfunde wieder zugenommen.
Kaz Cooke, *Real Gorgeous: the truth about body and beauty,* Allen and Unwin Australia, 1994

Alter der Menschen, die an Magersucht leiden
Es gibt dreimal so viele magersüchtige Frauen zwischen zwanzig und vierzig wie magersüchtige Teenager.
Health Weight Journal 1999:13:3; 34 / Pawluck D., Gorey K. »Secular trends in the incidence of anorexia nervosa«, *International Journal of Eating Disorders,* 1998:23; Seite 347–352

Aus Magersucht hervorgegangene Bulimie
40 Prozent aller an Magersucht Leidenden werden später Bulimiker/innen.
Johnson et al, »The Syndrome of Bulimia: Review and Synthesis«, *Psychiatric Clinics of North America,* 1984, Vol. 7, No. 2, Seite 242–273

Zahl der an Essstörungen leidenden Personen

In den USA leiden dreimal mehr Menschen an schweren Essstörungen als an AIDS.

Eating Disorders Awareness and Prevention, Seattle, USA. www.edap.org

Wer möchte dünner sein?

72 Prozent aller Schulmädchen möchten schlanker sein; 80 Prozent finden, dass schlank sein gut ist.

Paxton SJ. u.a.: »Body Image Satisfaction, Dieting Beliefs, and Weight Loss Behaviours in Adolescent Girls and Boys«, *Journal of Youth and Adolescence,* 1991, Vol. 20, No. 3, Seite 361–179

Magere Models fördern Depressionen

Angst und Stress, Depressionen und Minderwertigkeitsgefühle werden stärker, wenn man Abbildungen magerer Mannequins betrachtet.

Healthy Weight Journal 1998:12:4;50 / Kalodner C. »Media influences on male and female non-eating-disordered college students«. *Eating Disorders* 1997; 5, Seite 47–57

Wer hält sich für zu dick?

75 Prozent der Frauen halten sich für zu dick, obwohl sie im Bereich des Normalgewichts liegen.

Glamour Magazine, 1984

GI Joe wird immer muskulöser

GI Joe hat über 40 cm Brustumfang zugelegt.

Healthy Weight Journal 1999:13;5;67 / Pope H., Olivardia R., Gruber A. u.a.: »Evolving ideals of male body image as seen through action toys«. *International Journal of Eating Disorders* 1999;26, Seite 65–72

Werbebombardement

Wir sehen pro Tag zwischen 400 und 600 Werbebotschaften mit unterschiedlichen, teils widersprüchlichen Schönheitsidealen.

Dr. Liz Dittrich, Director of Research and Outreach, San Francisco. www.about-face.org

Dünne TV-Stars

70 Prozent der TV-Stars sind (sehr) schlank und nur 5 Prozent übergewichtig.

Dr. Liz Dittrich, Director of Research and Outreach, San Francisco. www.about-face.org

Kinder auf Diät

81 Prozent der Zehnjährigen haben schon mal eine Schlankheitskur gemacht, und 40 Prozent der neun- und zehnjährigen Schulmädchen versuchen abzunehmen.

Eating Disorders Awareness and Prevention, Seattle, USA. www.edap.org

Schlankheitskurenindustrie

Der Umsatz der weltweiten Diätindustrie wird auf über 33 Milliarden Dollar jährlich geschätzt.

Marketdata Enterprises Inc., USA, 1994

Durch Schlankheitskuren verursachte Bulimie

Bulimie entwickelt sich im Regelfall während einer Schlankheitskur.

Dr. Liz Dittrich, Director of Research and Outreach, San Francisco. www.about-face.org

Überbleibsel

Bücher zum Schmausen

Becker, Kuni: *Die perfekte Frau und ihr Geheimnis*, Rowohlt, 1994

Böning, Verona: *Ausbrechen,* Urban & Fischer, 2001

Bovey, Shelley: *The Forbidden Body,* Pandora, 1989

Cohen, Mary Anne: *French Toast for Breakfast*, Gurze, 1995

Cooke, Kaz: *Real Gorgeous*, Allen & Unwin, 1994

Cunth, Ulrich und Hillert, Andreas: *Eßstörungen. Ursachen, Symptome, Therapien,* C.H.Beck, 1998

Ehle, Gisela: *Ich finde nicht mein Maß*, Verlag Gesundheit, 1992

Erdman, Cheri: *Nothing to Lose,* Harper, 1995

Fraser, Laura: *Losing It,* Plume Scholastic Paperbacks, 1998

Friday, Nancy: *Wie meine Mutter,* Fischer, 1982

Gerlinghoff, Monika und Backmund, Herbert: *Der heimliche Heißhunger. Wenn Essen nicht satt macht,* dtv, 1997

Hall, Lindsey: *Full Lives,* Gurze, 1993

Hirschmann, Jane und Munter, Carol: *When Women Stop Hating Their Bodies,* Fawcett, 1997

Hollis, Judi: *Fat is a Family Affair,* Hazeldon, 1985

Hornbacher, Marya: *Alice im Hungerland,* Ullstein, 2001

Kano, Susan: *Making Peace with Food,* Amity, 1985

Langsdorff, Maja: *Die heimliche Sucht, unheimlich zu essen,* Fischer, 2000

Maine, Margo: *Father Hunger,* Gurze, 1991

Normandi, Carol und Roark, Laurelee: *It's Not About Food,* Grosset, 1998

Orbach, Susie: *Antidiätbuch,* Frauenoffensive, 1979

Podjasek, Jill: *The Ten Habits of Naturally Slim People,* Contemporary, 1997

Poulton, Terry: N*o Fat Chicks,* Birch Lane, 1997

Roth, Geneen: *Essen als Ersatz,* Rowohlt, 1989

Sark: *Succulent Wild Woman,* Fireside, 1997

Tomsche, Vera: *Meine hungernde Seele,* Lübbe, 1997

Wagner-Baumann, Claudia: *Mein Leben war zum Kotzen,* Brunnen, 1997

Wann, Marilyn: *Fat! So?,* Ten Speed, 1999

Websites zum Sich-stärken

Die »Good Girls Do Swallow«-Website (so der Originaltitel dieses Buches) findest du – allerdings nur auf Englisch – unter www.lipschtick.com.au, und ich fand auch die folgenden nützlich, informativ und/oder unterhaltsam:

www.about-face.org Alles über die Figur.

www.bodyscoop.com.au Noch mehr über die Figur.

www.geneenroth.com Geneen Roths Homepage für alle, die sich von ihren Essstörungen lossagen wollen.

www.bust.com Die »kaputte« Website zum Thema.

www.uq.net.au/eda/documents/start.html Eating Disorders Association of Queensland.

www.fatso.com Für alle, die sich nicht mehr dafür entschuldigen wollen, dass sie dick sind.

www.gurze.com US-amerikanischer Verlag, der sich auf Literatur zum Thema Essstörungen etc. spezialisiert hat.

www.healthyweight.net Hier werden Diätmythen aufgedeckt.

www.hugs.com Menschen aller Länder hört auf, Diät zu machen!

www.eskimo.com/~largesse/ Über das Dicksein.

www.mirror-mirror.org Informative Website mit faszinierenden Fakten über Essstörungen, ihre Symptome und was man dagegen tun kann.

www.modemag.com Mode und Figur – ein altes Thema.

www.riotgrrl.com Ausgeflippte Girl-Power-Website mit dem witzigen Spiel: Feed the Supermodel!

www.something-fishy.org Definitionen, Behandlungsmöglichkeiten, Risiken, Links und Infos für Betroffene und Angehörige.

www.mse.berkeley./edu/Staff/Eve/barbie.html Freiheit für Barbie!

www.bodypositive.com Alles für ein positives Körpergefühl.

www.onelist.com Zugang zu Online-Hilfsangeboten

www.caringonline.com Hervorragende Quelle für Websites über Körperimage, Essstörungen und Schlanksheitskuren.

Deutschsprachige Websites

www.bulimie-online.de Informationen für Betroffene und Kommunikation mit Betroffenen.

www.magersucht.de Gemeinnütziger Verein mit Angeboten zur Selbsthilfe und umfangreichen Hinweisen auf deutschsprachige Literatur zum Thema Ess-Störungen.

www.hungrig-online.de Gemeinsame Kommunikationsplattform von bulimie-online.de und magersucht.de.

www.bulimie.de Online-Beratungsservice der Uni Leipzig.

www.bulimie-zentrum.de Gemeinnütziger Verein mit zahlreichen Serviceangeboten.

Ein Bonbon zum Schluss

Diejenigen von euch, denen ich Dank schulde (und eure Zahl ist groß), wissen, wer gemeint ist. Jede/r von euch hat auf ihre oder seine Weise dazu beigetragen, dass dieses Buch entstehen konnte.

Dank an alle meine Freunde und Freundinnen, die es akzeptierten, wenn ich keine Zeit für etwas anderes hatte, an meine Familie, die mich in jeder Hinsicht unterstützt hat, und an meine Mitbewohnerinnen, die während der Arbeit an diesem Buch viel mitleiden durften – Dank euch allen für eure Geduld und euer Verständnis.

Ein dickes Bussi für meine Freundinnen Isabelle Gagnon, Helen Black, Jackie Engel, Jacky Smith, Yasmin Boland und Wendy Herbert, die wahrhaft »brave Mädchen« sind. Und eine Umarmung für Ewan Campbell, der mich jedes Mal vom Computer wegholte, evor ich völlig durchdrehte, und für Genevieve Michael für ihr Mitgefühl und ihre Geduld.

Weitere Bussis an Alex Brooks, die an mich und meine Arbeit geglaubt hat und meine Miete bezahlte. Danke auch Merran White, der mich Julia Leigh und Matthew Richardson vorstellte, denen ich verdanke, dass der Vertrag zustande kam, und die mir alle nötige Unterstützung zukommen ließen.

Einen kräftigen Händedruck für die Australian Society of Authors und das Australia Council, die mir die wunderbare

Anne Deveson als Mentor vermittelten. Anne Deveson tausend Dank für ihren Rat. Danke auch Roland und Stuart vom Writers Studio, wo der Samen zu diesem Buch erstmals auf fruchtbaren Boden fiel, und Linda Bradbury, die mich überhaupt auf die Idee brachte, ein Buch zu schreiben. Meine Geschmacksknospen und mein Magen machen einen Knicks vor Evelyn und ihrer Familie vom Café Preggos, die meinen Koffeinspiegel auf hohem Niveau hielten und so dafür sorgten, dass ich auch spätabends nicht über dem Computer einnickte.

Es ist eine unschätzbare Erfahrung, in einem Team als gleichberechtigter Partner zu arbeiten. Meine Teamgenossinnen Hazel Flynn und Roberta Ivers ließen mich wissen, wenn ich zu weit ging, und lobten mich, wenn ich es nicht tat. Ich danke ihnen für ihre professionellen Tipps, ihre Anregungen und ihren Humor. Herzlichen Dank auch an Jane Palfreyman, die die Pralinenschachtel öffnete und den Ball ins Rollen brachte, und an Wendy Blaxland für ihre Redaktionsarbeit, ihr Einfühlungsvermögen und ihre Genauigkeit.

Mein Dank gilt auch Eva Dempewolf für eine brillante Übersetzung und Joachim von Beust und dem Team vom Beust Verlag, die das Buch nun auch dem deutschsprachigen Publikum zugänglich machen.

Dank an Stewart McCure vom Mädchen Rachael und der erwachsenen, nicht immer einfachen Rachael – danke für die unendlich vielen Rosen und alles, was damit einherging.

Danke Kate. Du hast es geschafft. Wir haben es geschafft. Ich habe es geschafft. Danke!

Die herzlichste Umarmung für meine Familie: meine Mom, meinen Dad, meine beiden Schwestern und ihre Familien. Ihr habt mehr als Dank verdient.